상위 1‰로 가는 1등
독서습관

상위 1%로 가는 1등
독서습관

· 김태광 지음 ·

■ 추천사

독서에도 훈련이 필요하다

"사람은 그가 읽는대로 만들어진다."

책이 한 사람의 일생에서 얼마나 중요한 의미를 지니는지를 단적으로 표현해 주는 말입니다. 책과 삶은 분리할 수 없습니다. 우리는 책에서 읽은 것을 자기 삶에 적용하고, 삶에서 체험한 것을 책에 적용하면서 성장해 나갑니다. 우리가 책을 읽는 것은 성공한 선배들로부터 코칭을 받는 것과 같습니다. 성공한 선배들은 우리가 하고 싶은 일들을 이미 이루었고 그 비결을 책 속에 적어놓았습니다. 우리가 때로 어떻게 해야 할지 몰라 우물쭈물하고 있을 때 책 속의 저자는 할 수 있다고 등을 토닥거리며 용기를 줍니다. 우리는 책을 통해 용기를 얻어 세상 속으로 나아가고 그 속에서 자신의 꿈을 이뤄갑니다.

　읽기는 세상과 인간에 대한 이해를 바탕으로 내 삶의 의미를 발견하고 그것을 표현해 내는 힘을 말합니다. 이때 남과 다른 나만의 창의적인 표현으로 자신을 드러낼 수 있어야 하는데 그러려면 제대로 읽고 깊이 분석하며 남과 다르게 바라보는 읽기훈련이 필요합니다. 성공한 사람들은 무턱대고 책만 많이 읽은 것이 아니라 책을 잘 읽어서 자기의 삶에 적용할 줄 알았습니다.

　그렇다면 어떻게 읽어야 할까요? 이 책은 바로 이런 궁금증에 대한 답을 주고 있습니다. 이 책의 저자는 오랫동안 청소년들의 자기계발을 위한 프로그램을 만들고 진행해 오면서 독서의 중요성을 깊이 깨닫고 효과적인 독서법을 개발했습니다. 저자가 안내하는 독서법을 잘 배우고 실천하다 보면 여러분이 꿈꾸는 미래에 점점 다가가고 있음을 느끼게 될 것입니다.

가톨릭대 교육대학원 독서교육과 강사
임성미

■ 머리말

자존감이 높은 아이로 키우세요

열 살, 민경이네 집을 방문하는 사람들은 엄청난 양의 책을 보고 놀란답니다. 그러나 더욱 놀라운 것은 그 많은 책들을 민경이가 읽었다는 것이지요.

또래 아이를 가진 엄마들이 민경 엄마에게 묻곤 한답니다.

"어떻게 하면 우리 아이도 책과 가까워질 수 있을까요?"

민경 엄마의 대답은 간단합니다.

"엄마가 책을 좋아하면 아이는 당연히 따라와요."

어린이들이 배우는 독서습관 중 75%는 그들의 부모로부터 배운다고 합니다. 아이들은 누군가를 모방하고 싶어 하는 특징이 있고, 그 대상은 가장 가까운 곳에 있는 부모일 수밖에 없지요. 그래서 부모가 즐겨 쓰는 말투며 자주 하는 행동을 따라합니다. 독서 습관도 마찬가지랍니다. 우선은 부모가, 특히 엄마가 늘 책을 가까이하고, 책을 읽는 모습을 보여주는 것이 중요합니다.

책을 읽는 어린이들은 자신감에 차 있고 활달하며 자기세계에 대한 책임감을 갖고 있습니다. 그리고 자기 자신에 관한 사고를 펼쳐나가는 데 있어 다른 사람의 도움을 필요로 하지 않지요. 이러한 독립심과 자존감은 그들의 행동에 대한 책임감과 삶의 태도를 형성하는 데 매우 중요한 역할을 합니다. 더 나아가 학습활동과 연관되어 학습효과를 높일 수 있는 발판이 되는 것이지요.

부모의 역할은 독서를 통해 아이가 무엇을 사랑하며 무엇을 소망하며 살아야 하는지 가르쳐주는 것입니다. 그리고 무엇보다도 책을 읽는 것이 즐겁고 재미있다는 유쾌한 경험을 가질 수 있도록 습관화시켜 주어야 합니다.

이 책이 그저 주어진 학습만 하는 아이가 아니라, 자발적이고 능동적으로 책을 읽는 아이로 성장하는 데 부모님들의 지침서가 될 수 있기를 소망합니다.

2008년 12월

· C O N T E N T S ·

추천사 _ 독서에도 훈련이 필요하다 _ P.4

머리말 _ 자존감이 높은 아이로 키우세요 _ P.6

PART 1 _
책은 성공하는 인생의 씨앗 _ P.13

01 책, 왜 읽어야 할까?

02 책보다 게임을 더 좋아하는 아이

03 책 많이 읽는다고 성공할까?

04 인생 나무를 키워주는 책

05 만화책만 보는 아이

06 책은 초강력 수면제?

PART 2 _
똑똑한 책벌레 엄마가 되자! _P.37

01 책값이 왜 이리 비싸?

02 아이가 직접 책을 고르게 하라

03 쳇, 엄마도 책 안 보면서

04 넌 왜 책을 싫어하니?

05 넌 커서 뭐가 될래?

06 또 만화책 보니?

07 네가 책을? 해가 서쪽에서 뜨겠다!

  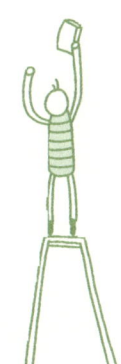

· C O N T E N T S ·

PART 3 _
서점은 가장 행복한 놀이터 _P.65

01 아이와의 약속 장소, 서점으로 택하라!

02 신간을 공짜로 보는 재미

03 책은 우리 아이가 가장 좋아하는 친구

04 좋은 책 그리고 나쁜 책

05 서점은 세상에서 가장 행복한 놀이터

06 누가 빨리 읽나 자장면 내기

07 세상에서 가장 똑똑한 책벌레

PART 4 _
책은 지혜가 가득한 보물창고 _P.91

01 책은 세상을 멀리 보는 망원경

02 실수는 교훈을 감추고 있다

03 책은 배려를 가르친다

04 위인들을 통해 가르쳐라

05 칭찬으로 친구를 춤추게 하는 아이

06 거실을 도서관으로 꾸미자

07 공짜로 떠나는 세계여행

08 책은 유쾌통쾌상쾌 종합비타민

09 우리 아이에게도 꿈과 목표가 생겼어요!

PART 5 _
답답한 공부벌레보다
똑똑한 책벌레로 키우자! _ P.125

01 아이가 가장 받고 싶은 생일 선물, 책

02 아침독서 10분의 효과

03 드디어 성적이 올랐어요!

04 세상에서 가장 값진 보물, 지식과 지혜

05 도서관은 보물창고

06 스스로 책을 읽어야 하는 이유를 깨닫게 하라!

07 답답한 공부벌레보다 똑똑한 책벌레가 좋아!

부록01 _ 좋은 책 고르는 요령 _ P.153

부록02 _ 상황별 책 고르는 요령 _ P.158

부록03 _ 독서기록장 _ P.161

부록04 _ 교육청 추천 초등학교 권장도서 _ P.177

PART 1
책은 성공하는 인생의 씨앗

01 책, 왜 읽어야 할까?

"독서만큼 매력 있는 것은 없다."
— 시드니 스미스

"일주일에 3권 정도는 읽어야지."
"책을 많이 읽어야 훌륭한 사람이 될 수 있단다."
"결국 책을 많이 보는 사람이 좋은 대학 가는 법이야."

대학입시에서 논술의 비중이 커진다, 작아진다 하며 참으로 말들이 많습니다. 하지만 어떤 갑론을박에도 앞으로 논술(글쓰기)의 비중은 커질 수밖에 없습니다. 이 말에 여러분은 '짜증'이라는 단어가 떠오를지도 모르겠네요. 하지만 합리적인 사고와 정확한 판단력 배양이라는 의미에서 논술의 강화는 바람직한 현상이라는 긍정적 의견이 더 많습니다.

아무튼 이 불행한 소식으로 인해 독서에 대한 중요성이 부각되면서 다소 주춤하던 독서열풍이 불고 있답니다. 뉴스에서는 2-3일에 한 번 꼴로 책 많이 읽는 아이들이 소개되는 것을 심심찮게 볼 수 있습니다. 또 그 아이들은 고등학생의 수준을 뛰어넘는 문학작품을 읽었다며 은근히 자랑하기까지 합니다.

대부분의 아이들은 책보다 컴퓨터나 게임기를 가까이합니다. 딱딱한 책을 읽는 것보다 컴퓨터로 인터넷을 하거나 게임을 즐기는 것이 더 재미있기 때문입니다. 책은 글을 눈으로 읽고 그 글 속에 담겨 있는 의미를 생각해야 합니다. 또한 글을 구성하고 있는 낱말을 제대로 이해하지 못하면 내용을 알 수 없는 탓에 아무런 재미도 못 느끼게 됩니다. 때문에 어릴 때부터 책 읽는 훈련이 되어 있지 않은 친구에게는 힘겨울 수밖에 없습니다.

그러나 독서하는 습관을 가진 아이는 책 읽는 일이 그 어떤 놀이보다 즐겁다고 생각합니다. 책 속에는 컴퓨터나 게임을 통해 맛볼 수 없는 재미가 있기 때문입니다. 이야기 속에 나오는 주인공이 되어 보기도 하고 상상의 세계에 푹 빠져볼 수도 있지요. 예를 든다면 조앤 K. 롤링의 《해리포터》 시리즈를 읽으며 무한한 상상의 나래를 펼 수도 있습니다.

르네 데카르트는 "좋은 책을 읽는 것은 지난 몇 세기에 걸쳐 가장 훌륭한 사람들과 대화하는 것과 같다"라고 말했습니다. 좋은 책 속에는 그 책을 쓴 작가의 지식과 지혜가 담겨 있기 때문이지요. 따라서 아무리 오랜 시간이 지난 책일지라도 그 가치의 변함이 없는 이유가 여기에 있답니다.

"당신에게 가장 필요한 책은 당신으로 하여금 가장 많이 생각하게 하는 책이다" 마크 트웨인의 말입니다. 아이들에게 책을 많이 읽혀야 하는 이유는 생각하는 능력을 키워주기 위해서입니다. 책을 읽다 보면 자신도 모르게 사고가 확장되어 생각하는 능력이 커지게 마련입니다.

사람의 능력에는 한계가 있습니다. 따라서 다양한 책을 읽지 않는다거나 공부를 게을리한다면 시대에 뒤떨어지게 됩니다. 이는 곧 사회에 자신이 설 자리가 좁아진다는 것을 뜻하지요.

책 속에는 다른 사람의 지식과 지혜가 담겨 있습니다. 따라서 책을 읽는 것만으로도 큰돈 들이지 않고 편하게 생각의 폭을 넓히고 사고력과 많은 정보를 얻을 수 있답니다. 작은 씨앗이 큰 나무로 무성해지기 위해서는 영양분이 필요합니다. 책은 사람이 성장해 나가는 데 가장 중요한 영양분입니다. 따라서 좋은 책을 많이 접할수록 지식과 지혜, 생각하는 능력이 향상됩니다.

02 책보다 게임을 더 좋아하는 아이

"달려가라. 책은 언제나 변함없는 친절로 너를 대한다."
—T. 풀러

　책보다 게임을 더 좋아하는 아이들이 있습니다. 이런 아이들은 한번 게임을 시작했다 하면 한 시간 두 시간은 훌쩍 넘기기 일쑤입니다. 급기야 학원도 빠지게 되고 숙제도 발등에 불 떨어진 것처럼 허겁지겁하게 됩니다.
　이런 아이들에게는 한 가지 공통점이 있습니다. 그것은 성적이 하위권이라는 것입니다. 책보다 게임을 더 좋아하는데도 성적이 좋다면 오히려 이상할 테지요.
　며칠 전 인터넷 서핑을 하다가 우연히 한 아이의 사연을 보게 되었습니다. 짧은 글 속에서 아이의 절박한 심정을 느낄 수 있었습니다.

안녕하세요.

저는 올해 4학년이 된 초등학생인데요. 엄마는 제가 6살 때부터 책을 읽으라고 종종 말씀하셨어요. 그런데 저는 '알았어요' 라는 대답만 하고선 책을 읽지 않았어요.

'에이, 오늘 못 읽으면 내일 읽지 뭐.'

그동안 이런 식으로 책 읽기를 포기했어요. 사실 저도 책을 많이 읽으면 똑똑해진다는 것을 잘 알아요! 그리고 아는 것도 많아지고…. 저도 그러고 싶은데 매일 게임만 하게 돼요. 저도 책 많이 읽어서 좋은 대학가고 싶어요! 여러분! 책 많이 읽는 방법 그리고 책 읽는 습관을 가지는 방법 좀 알려주세요. 평소 책을 많이 읽는 분들이 답변해 주시면 더욱 감사하겠습니다.

사실 인터넷을 하다 보면 이런 글을 쉽게 접하게 됩니다. 그리고 종종 이런 아이들이 저에게 메일로 책과 가까워지는 방법을 묻습니다. 책보다 게임을 찾게 되는 이유는 게임이 책보다 재미있다고 생각하기 때문입니다. 쉽게 말해 책은 '딱딱하고 재미없는 것' 이라는 선입견을 가지고 있습니다. 이에 비해 게임은 화려한 영상이 곁들여져 보다 쉽게 호기심과 재미를 느낄 수 있지요.

그러나 책 가운데에서도 재미있는 책들이 참 많습니다. 《그리스 로마 신화》 같은 만화로 구성되어 있는 책도 있고 인기리에 방영된 《태왕사신기》처럼 광개토대왕의 일대기를 다룬 동화책도 있습니다. 그리고 끈기를 기르거나 나쁜 습관을 좋은 습관으로 고쳐 주는 어린이 자기계발서도 있답니다. 이 외에도 재미있는 책은 헤아릴 수 없이 많습니다.

무엇보다 중요한 것은 먼저 책을 읽는 습관을 들이는 것입니다. 그동안 책과 그다지 친하지 않았던 아이라면 쉽고 편한 만화책부터 보는 것이 좋습니다. 지식과 지혜, 생각하는 능력을 키워 주는 만화책도 많답니다. 또 처음부터 무리한 양을 읽기보다는 적당한 양을 읽게 하는 것이 좋습니다. 그러다 차츰 독서량을 늘려 가면 되기 때문입니다. 어느 정도 만화책을 읽다 보면 다른 책도 읽고 싶은 마음이 생기게 됩니다. 그때 아이의 취향에 맞게 역사동화나 전래동화, 위인을 다룬 동화 등을 읽히는 것이 좋습니다.

"이상하게도 책에 마음이 끌리지 않는 것 같아요!"

괜찮습니다. 책을 즐겨보는 부모님 밑에서 자라지 않은 아이들이면 자연스런 현상이기 때문입니다. 그러나 조금씩 아이가 책과 가까이하다 보면 친숙해지게 되고 책 속에 깃들어 있는 재미와 교훈을 깨닫게 됩니다. 그러다 보면 누가 시키지 않아도 자연스레 책을 들게 되고 책 속에 두 눈을 파묻게 되지요. 쉽게 말해 책벌레가 되는 것입니다.

그렇다면 게임은 어떨까요? 대부분 아이들은 선생님과 부모님이 아무리 말리고 야단쳐도 쉽게 게임에 빠지게 됩니다. 이는 게임이 지닌 중독성 때문입니다. 그 중독성은 아이의 머릿속으로 전해지는 지식과 지혜를 막아버립니다. 또한 생각하는 능력을 저하시켜 창의성을 떨어뜨립니다. 결국 스스로 자신의 꿈과 목표를 찾을 수 없게 되어 평범한 인생을 살게 됩니다.

아이가 책과 친해질수록 아이의 미래는 희망차고 행복해집니다. 하고 싶고, 되고 싶은 인물이 많습니다. 또한 그들을 닮기 위해 책을 읽게 됩니다. 그러다 보면 자연스레 책 읽는 것이 즐겁고 공부마저 재미있게 느껴지는 것입니다.

책 많이 읽는다고 성공할까?

"저질의 책을 읽기에 인생은 너무 짧다."
— J. 브라이스

"선생님, 정말 책 많이 읽으면 성공하나요?"

"책 많이 읽는 거랑 성공하는 거랑 무슨 관계가 있나요?"

대부분 아이들은 이런 의문을 가지고 있습니다. 독서하는 것과 성공하는 인생을 사는 것. 서로 아무런 연관성이 없는 것처럼 생각할 수도 있습니다. 그런데도 어른들은 무조건 책을 많이 읽어야 한다고 말합니다.

그렇다면 정말 책을 많이 읽으면 성공할까요? 물론 그렇지 않은 사람보다 많은 기회를 얻을 수 있는 것은 사실입니다. 그만큼 성공할 확률이 커질 것입니다. 세계적으로 성공한 사람들만 봐도 모두 책을 가까이했던 사람들이라는 것을 알 수 있습니다. 워렌 버핏, 잭 웰치, 빌 게이츠…. 성공한 CEO들은 바쁜 일과 속에서도 독서를 게을리하지 않습니다. 오히려 바쁠수록 일부러 시간을 내어 책을 읽습니다. 우리나라 CEO 중에도 독서광들이 많습니다. 이들은 책을 통해 새로운 아이디어와 영감을 얻습니다. 또 삶의 지혜를 발견하고 시대 트렌드를 읽어 기업 경영에 적극 활용합니다.

1997년 '게이츠도서관 재단'을 설립한 빌 게이츠는 바쁜 일과 중에도 매일 밤 한 시간씩, 주말에는 두세 시간씩 책을 읽었다고 합니다. 그리고 출장 때는 반드시 책을 몇 권 챙기는 것으로 유명합니다. 그는 학창시절부터 역사나 사상에 관한 폭넓은 책읽기를 바탕으로 세상을 앞서 갈 소프트웨어의 필요성을 느꼈다고 합니다. 만일 그가 책을 가까이하지 않았다면 아마도 그는 평범한 직장인과 다를 바 없는 삶을 살고 있을 것입니다.

유럽을 평정했던 프랑스의 나폴레옹. 그는 전쟁터에서도 말 위에서 책을 읽었다는 일화를 남길 정도로 대단한 독서광이었습니다.

그가 52년 동안 읽은 책은 1만여 권에 달했다고 합니다. 나폴레옹이 전쟁만 일삼은 전쟁광이 아닌 영웅으로 남을 수 있었던 것은 바로 독서 때문이었습니다. 그는 결코 전술에만 뛰어나지 않았습니다. 대문호 괴테와 음악가 베토벤을 매료시켰을 정도로 빼어난

학식과 교양, 예술적 감각을 갖추고 있었습니다.

　그는 불행히도 1789년 감행한 이집트 원정에 실패했습니다. 그러나 원정에 동행한 학술조사단과 함께 이집트 상형문자의 열쇠가 담긴 로제타석을 발굴하고, 세계 시민법 제정에 큰 영향을 미쳤습니다. 또 그는 나폴레옹 법전을 남기는 등 인류문화에 큰 공헌을 했습니다. 만일 그가 역사에 관한 지식이 없었다면 이집트 원정에 학술조사단을 데려가지 않았을 것입니다. 그랬다면 로제타석을 발굴하지도 못했을 테지요.

　독서 하나로 세계에서 가장 성공한 인생을 사는 사람이 또 있습니다. 바로 오프라 윈프리입니다. 그녀는 미국에 독서열풍을 일으킨 주인공이기도 합니다. 흑인 빈민가 출신으로 20대에 마약에 빠져 방황하면서 인생의 실패자로 전락할 위기에 처해 있었습니다. 그러나 고난을 극복하는 흑인 여성들의 삶을 다룬 소설을 읽으며 성공을 꿈꾸었습니다. 책이 아니었다면 오늘날의 오프라 윈프리는 없었을 것입니다.

　그녀는 지금 미국 500대 기업을 이끄는 5명의 여성 CEO 중 한 사람으로 꼽힙니다. 미국의 경제 전문지인 〈포브스〉는 그녀를 2007년 엔터테인먼트 업계 여성 갑부 20인에, 2007년 미국 포브스지 연예·스포츠 파워 1위에 선정했습니다.

　이 외에도 세상에는 독서로 성공한 수많은 사람들이 있습니다.

책을 읽지 않고 성공한 사람이 있다면 그는 분명 로또복권에 당첨된 사람일 것입니다.

좋은 책은 멘토가 되어줍니다. 때로 어려운 일에 부딪히거나 슬플 때 용기를 주고 위로가 되어줍니다. 아이가 가진 재능에 날개를 달아주고 기회를 발견하게 해줍니다.

위대한 사람들에게는 반드시 그들을 위대하게 만든 책이 있었습니다. 아이가 책을 친구처럼 가까이하도록 이끌어주세요. 지금 아이가 읽는 책들은 훗날 인생을 환하게 밝혀주는 등불이 되어줄 것입니다.

04 인생 나무를 키워주는 책

"기대를 걸고 책장을 열고, 수확을 얻고 책뚜껑을 덮는 책, 이런 책이 진실로 양서다. 베스트셀러란 평범한 재능에 금색을 칠한 묘지이다."
— 로강 스미드

사람은 누구나 불완전합니다. 그래서 때로 실수와 실패도 합니다. 물론 우리는 그 속에서 얻은 교훈으로 발전하게 되지요. 책을 읽게 되면 실수의 횟수를 줄일 수 있습니다. 책 속에 들어 있는 지식과 지혜를 통해 실수를 방지할 수 있기 때문입니다.

모든 사람에게는 인생 나무가 있습니다. 인생 나무가 땅속 깊이 뿌리를 내리고 곧게 자라기 위해선 적절한 햇빛과 비바람, 영양분이 필요합니다. 이 모든 것은 책 속에 담겨 있습니다.

벤자민 프랭클린이 말했습니다.

"독서는 정신적으로 충실한 사람을 만든다. 사색은 사려 깊은 사람을 만든다. 그리고 논술은 확실한 사람을 만든다."

책을 가까이하는 사람은 그렇지 않은 사람보다 생각이 깊습니다. 그래서 어떤 위기가 닥치더라도 당황하기보다 원인을 파악해 즉각 수습하게 되지요. 이런 사람은 인생 나무의 뿌리가 깊은 사람에 해당한답니다. 책은 인생관과 가치관을 건강하게 가꾸어줍니다. 책 속에 담겨 있는 작가의 다양한 경험을 통해 어떻게 사는 것이 올바른 것인지 알 수 있습니다. 건강한 인생관과 가치관은 다양한 간접경험으로 가능하니까요. 간접경험을 가장 짧은 시간 안에 경험할 수 있는 것이 바로 책입니다.

우리는 위인들의 인생을 단 한 권의 책으로 쉽게 배울 수 있습니다. 그들이 한평생에 걸쳐 터득한 소중한 교훈들을 편하게 앉아 책으로 읽을 수 있다는 것은 정말이지 기쁜 일이 아닐 수 없습니다.

훌륭한 사람들의 이야기를 읽으면 이런 다짐을 하게 됩니다.

"나도 정직하게 살아야지."

"어떤 일이 있어도 내 꿈을 이루고 말 거야."

또 불행한 삶을 살다 간 사람들의 이야기를 통해 건전한 인생관에 대해 생각하기도 합니다.

"절대 무절제한 생활로 불행한 인생을 살지 않을 거야."

"어려움에 처한 사람들을 외면하지 않겠어."

책을 읽으면 시야가 넓어지고 사고하는 능력이 커집니다. 바로 책 속에 담겨 있는 소중한 교훈들 때문이지요.

책을 잘 선택해서 읽히는 것! 아이의 인생이 성공할 수 있는 첫 걸음이라고 할 수 있습니다. 처음에는 귀찮고 힘들더라도 아이에게 올바른 독서습관을 들여야 합니다. 아이가 원하는 인생을 살기 위해서는 다양한 지식과 지혜, 경험이 필요하기 때문입니다.

여러분, 아이와 함께 책을 읽어 보세요. 그러다 보면 책을 가까이하지 않던 아이도 차츰 책을 가까이하게 됩니다. 책을 가까이하는 시간이 늘어날수록 아이의 독서력은 콩나물 자라듯이 쑥쑥 자라게 됩니다. 또한 독서력과 함께 아이의 인생 나무도 올곧고 튼튼하게 성장할 것입니다.

05

만화책만 보는 아이

"인생은 짧다. 이 책을 읽으면 저 책을 읽을 수 없다."
― 러스킨

초등학교 3학년인 준수는 만화책만 읽습니다. 책장에는 동화책과 위인전은 몇 권 되지 않지만 만화책은 수백 권이 넘습니다.

"또 만화책이야?"

"다른 책은 어려워서 못 읽겠어요."

"뭐가 어렵다고 그래? 다른 애들은 잘만 읽던데."

"저는 만화책이 재미있단 말이에요!"

이런 아이를 둔 부모는 걱정입니다. 앞으로 좋은 학교, 좋은 직장에 가려면 글 읽는 기초를 다져야 하는데 만화책만 보기 때문입니다.

글이 많은 책보다 그림이 많은 만화책을 즐겨보는 아이들이 있습니다. 만화책을 주로 보는 친구들의 공통점은 책 속에 들어 있는 낱말을 이해하지 못한다는 것입니다. 낱말을 이해하지 못하니 어떤 내용인지 알 수 없을뿐더러 아무런 재미를 느끼지 못하지요. 대부분의 아이들은 자신의 감정을 표현할 때 말이나 글보다는 그림으로 그리는 것을 더 쉽게 느낍니다. 여러분이 어렸을 때 스케치북에다 하고 싶은 말이나 그때의 기분을 표현했던 것과 같습니다.

아이가 책을 읽는 것도 마찬가지입니다. 만화책은 그림으로 내용이 자세하고 쉽게 설명되어 있습니다. 그러나 글만으로 구성되어 있는 책은 그렇지 않습니다. 글을 읽으면서 내용을 이해하고 나름대로 생각하거나 상상해야 하기 때문입니다. 그러다 보니 책과 친하지 않은 아이들은 만화책을 집어들게 되는 것입니다. 그런데도 부모는 이런 아이들의 마음을 알지 못합니다. 오히려 만화책만 본다며 야단치게 마련입니다.

"만화책 보지 말라고 엄마가 몇 번 말했니?"
"네가 유치원생이니? 만화책 보게."
이런 말을 들으면 아이의 기분이 좋지 않습니다. 부모님이 원망스럽기도 하고 책이 더욱 보기 싫어질 것입니다.

이럴 땐 이렇게 해보세요. 아이에게 만화나 그림의 비중이 많은 책을 먼저 읽히고 난 후 같은 제목의 책을 읽혀보세요. 예를 들어 《만화 삼국지》를 읽었다면 글로 된 《삼국지》를 읽히면 부담없이 읽을 수 있습니다. 이미 《만화 삼국지》를 통해 대강의 줄거리를 파악하고 있기 때문에 훨씬 수월하게 책을 읽을 수 있기 때문입니다. 자연히 책 읽기에 흥미를 느끼게 됩니다.

만화책만 보는 아이와 글로 구성된 책을 보는 아이. 두 아이에게는 분명한 차이점이 있습니다. 만화책만 보는 아이는 이해력과 창의력, 상상력이 떨어지게 됩니다. 그러나 글의 비중이 많은 책을 보는 아이는 내용을 머릿속에서 상상하기 때문에 그만큼 이해력과 창의력과 상상력이 높아집니다.

만화책을 읽기 전에 부모에게 이렇게 의사표시를 하는 아이들도 있습니다.

"엄마, 글로 된 《삼국지》는 잘 이해가 안 돼요. 그래서 《만화 삼국지》 읽고 나서 글로 된 《삼국지》 읽을게요."

"아빠, 《삼국지》는 너무 어려워요. 《만화 삼국지》부터 읽고 나서 읽을게요."

사실 이렇게 말하는데 야단칠 부모님은 없습니다. 대부분의 아이는 자신의 의사를 부모에게 표현하지 않고 즉각 행동으로 옮깁니다. 부모는 아이의 뜻을 이해하지 못하기 때문에 야단치는 것입니다. 따라서 야단을 치기 전에 아이의 속마음을 헤아려 보는 것이 중요합니다.

06 책은 초강력 수면제?

"좋은 책을 읽는다는 것은 과거의 가장 훌륭한 사람들과 담소하는 것과 같다."
— 데카르트

"책 읽은 지 몇 분이나 됐다고 조니?"
"엄마, 난 이상하게 책만 보면 졸음이 쏟아져."
"넌 누굴 닮았는지, 10분을 못 넘기니?"
"누구 닮긴, 엄마 닮았지."

성호는 책만 들었다 하면 졸음이 쏟아집니다. 그래서 10분을 넘기지 못하고 그 자리에서 꾸벅꾸벅 졸기 일쑤지요. 종종 선생님과 부모님에게 야단맞지만 성호는 졸음을 이기지 못합니다.

"쏟아지는 졸음을 어떡해요!"

어른들 중에도 책을 읽으면 조는 사람이 있습니다. 전철에서 보면 한 손에 책을 든 채 졸고 있는 사람을 쉽게 볼 수 있습니다.

공공도서관에서 책에 얼굴을 묻고 꿈나라에 가 있는 형과 누나들을 볼 수 있습니다. 이들에게 있어 책은 수면제와 같습니다. 그래서 어떤 사람은 잠이 오지 않을 때 일부러 책을 펼쳐들곤 합니다.

책은 정신과 마음을 살찌우는 종합영양제와 같습니다. 때문에 좋은 책을 많이 읽을수록 올바르고 건전한 가치관과 인생관을 가질 수 있습니다. 그런데 문제는 책만 보면 졸음이 쏟아진다는 것입니다.

그렇다면 어떻게 하면 졸음을 쫓을 수 있을까요?

* 내용을 상상하며 읽기.
* 서점에서 가장 인기가 좋은 베스트셀러 읽기.
* 일부러 또박또박 소리 내어 읽기.
* 이해하기 어려운 책보다 술술 읽히는 책 읽기.

찾아보면 이 외에도 다양한 방법들이 있을 것입니다. 먼저 내용을 상상해서 읽다 보면 자신이 책 속에 나오는 주인공이 될 수 있습니다. 그러다 보면 상상의 세계로 빠지게 됩니다. 자연히 다음 내용이 궁금해지고 내용의 이해가 잘되기 때문에 졸음이 싹 달아납니다.

베스트셀러는 가장 잘 팔리는 책을 뜻합니다. 예를 든다면 《해리포터》 시리즈를 들 수 있습니다. 《해리포터》는 전세계 64개국 3억 2,500만 권 가량 판매가 되었다고 합니다. 그만큼 인기가 높다는 것은 재미가 있다는 뜻입니다. 이런 재미있는 책을 보는데 졸음이 쏟아질까요?

졸음을 쫓는 방법으로 아이에게 소리 내어 읽게 해보세요. 소리 내어 읽다 보면 자기 목소리가 머릿속에 이미지로 떠오르게 됩니다. 이미지는 상상력을 불러일으키고 흥미가 더해집니다. 또 한 가지 가족에게 큰 소리로 책을 읽어주는 것도 좋은 방법입니다. 가족이 자신의 책 읽는 목소리를 듣고 즐거워하는 모습을 보면 저절로 졸음이 달아나기 때문입니다.

책을 보다 조는 아이들을 살펴보면 대부분 지루하거나 어려운 책을 읽는 경우가 많습니다. 재미없거나 이해가 되지 않을 때 졸음은 쏟아집니다. 따라서 이해가 쉽고 술술 읽히는 책을 읽혀보세요. 그런다면 아이는 눈을 반짝이며 책을 읽게 될 것입니다.

아이의 수준에 맞는 책을 읽히는 것이 무엇보다 중요합니다. 어떤 책을 읽느냐에 따라 수면제 혹은 즐거운 시간이 될 수 있기 때문입니다. 책을 읽는데 졸음이 쏟아진다면 아이의 수준에 맞지 않는 책을 읽고 있기 때문입니다. 즉각 다른 책으로 바꿔서 읽혀 보세요. 반대로 읽는 책이 재미있다면 아이에게 맞는 책을 골랐기 때문입니다. 음식점에서 메뉴를 고르듯이 아이의 입맛에 맞는 책을 골라 읽혀보세요. 이것은 아이에게 좋은 책을 즐겁게 읽히는 지혜로운 엄마의 비결입니다.

PART 2
똑똑한 책벌레 엄마가 되자!

01 책값이 왜 이리 비싸?

"오직 책 한 권밖에 읽지 않은 사람을 경계하라."
― 디즈레일리

준호는 엄마와 함께 서점에 갔습니다. 주말이었던 탓에 서점은 많은 사람들로 붐볐습니다.

준호는 《해리포터》 시리즈를 사고 싶었습니다.

"엄마, 나 《해리포터》 시리즈 읽고 싶어."

엄마는 눈을 흘기며 말했습니다.

"판타지 소설은 공부에 아무런 도움이 안 돼."

"치이, 다른 친구들은 벌써 다 읽었는데…."

삐친 준호는 입이 오리 주둥이처럼 나왔습니다.

"알았어, 엄마가 사줄게. 그 대신 앞으로 열심히 공부해야 한다. 알았지?"

"응."

그런데 《해리포터》 책을 집어든 엄마가 화들짝 놀라는 것이었습니다.

"엄마, 왜?"

"무슨 책값이 이렇게 비싸? 다음에 사."

"그런 게 어디 있어? 세상에 아들 책도 안 사주는 엄마가 어디 있냐구."

준호는 책값이 비싸다며 사주지 않는 엄마가 원망스러웠습니다.

대부분의 부모는 아이들에게 책을 많이 읽어야 한다고 충고합니다. 그러나 막상 책을 사주려고 함께 서점에 가보면 비싼 책값에 화들짝 놀라게 됩니다.

"학생들이 무슨 봉이야? 책값이 이렇게 비싸서 원!"

그러면서 세 권 사야 할 것을 한 권만 사라며 타이릅니다. 이런 부모는 말과 행동이 다르다고 할 수 있습니다. 이런 부모의 모습을 보는 아이의 마음은 어떨까요?

'세 권 다 사고 싶은데….'

'책 많이 읽어야 한다는 거 다 거짓말이야.'

'차라리 책을 읽으라고 하지나 말지.'

의사 표시가 확실한 아이들은 이렇게 말합니다.

"엄마가 책 많이 읽어야 한다고 했잖아."

"세 권 다 읽고 싶어요. 사 주세요."

"엄마는 왜 이랬다저랬다 해요?"

사실 이렇게 말한다면 어떤 부모도 책을 안 사주고는 못 배길 것입니다. 피자나 치킨, 불고기와 음식은 먹을수록 비만이 되고 성인병에 걸리기 십상입니다. 그러나 책은 아무리 많이 읽어도 지식 비만이 되지 않습니다. 오히려 정신과 마음이 건강해지게 마련입니다. 또한 책 속에 담겨 있는 지식과 지혜를 자기 것으로 만들 수 있습니다. 아이에게 책을 사줄 때는 어떤 일이 있어도 돈을 아까워하지 말아야 합니다. 책이야말로 아이의 미래를 행복하게 가꾸어줄 자양분이기 때문입니다.

지혜로운 부모라면 반드시 이 말을 기억해야 합니다.

'책은 아이의 성공적인 인생을 위한 길라잡이가 되어준다.'

자기 분야에서 최고가 된 사람들은 하나같이 책벌레입니다. 거꾸로 생각해 보면, 성공하는 인생을 사는 비결 중 하나는 책벌레가 되는 것이라고 말할 수 있습니다.

02 아이가 직접 책을 고르게 하라

"지식은 정신의 음식이다."
— 소크라테스

　책과 음식의 공통점은 무엇일까요? 언뜻 보면 전혀 연관성이 없어 보이는 이들 사이에도 공통점은 있답니다. 자기에게 맞는 음식이 있는 것처럼 개인 특성에 맞는 책, 연령에 맞는 책이 있다는 것. 맛있는 음식이 꼭 몸에 좋은 것은 아니듯 읽기 편한 책이 꼭 좋은 책은 아니라는 것. 마지막으로, 아무리 맛있는 음식도 한번에 소화할 수 있는 양에 한계가 있다는 것. 맛있는 음식도 쌓아두면 질리듯이 좋은 책이라고 무조건 많이 사두면 마음에 부담이 되어 책과 멀어지게 된다는 것.
　자기가 읽을 책을 직접 고르는 아이들이 있습니다. 이런 아이들은 주도적인 생활을 한다고 말할 수 있습니다. 이와 반대로 부모나 다른 누군가가 대신 책을 골라주는 아이들도 있습니다. 이런 아이들은 아직 부족한 독서습관으로 어떤 책을 읽어야 할지 모르기 때문입니다. 따라서 다른 누군가가 대신 책을 골라준다고 해서 무조건 나쁘다고 할 순 없습니다.

서점에서 직접 책을 고르는 아이는 그렇지 않은 아이에 비해 선택의 폭이 넓습니다. 최근에 출간된 인기 폭발의 따끈따끈한 책을 볼 수도 있습니다. 그리고 위인전이나 역사동화, 어린이 자기계발서 등도 선택할 수 있습니다.

그러나 이때 주의해야 할 점이 있습니다. 직접 고르다 보면 자기에게 맞지 않는 책을 고른다든가 수준이 높은 책을 고르는 실수를 하게 되기 때문입니다. 결국 책을 읽어도 내용을 파악할 수 없게 되어 끝까지 보지 못한 채 책장에 꽂아두게 되는 것입니다. 이를 방지하기 위해서는 서점에 가기 전에 미리 아이와 함께 어떤 분야의 책을 읽을 것인지 의견을 나누어야 합니다. 그리고 신문 서평이나 인터넷을 통해 아이가 읽을 책에 대한 조언을 구하면 원하는 책의 정보를 얻을 수 있습니다.

가족이나 선생님이 대신 책을 골라주는 경우도 있습니다. 이런 아이는 다른 친구에 비해 비교적 수월하게 좋은 책을 읽을 수 있습니다. 가족과 선생님은 아이보다 많은 인생을 살았기 때문에 어떤 책이 아이에게 도움이 되고 유익한지 알기 때문입니다.

하지만 계속 아이에게 대신해서 책을 골라주는 것은 옳지 않습니다. 다른 누군가가 책을 골라준다면 그 선택의 폭이 좁을 수밖에 없기 때문입니다. 아이는 역사동화를 읽고 싶은데 가족이나 선생님은 위인전을 골라줄 수 있겠지요. 이런 일을 줄이기 위해선 아이 스스로 좋은 책을 고르는 능력을 키워야 합니다. 처음에는 어떤 책이 나에게 맞고 좋은 책인지 분간이 어려울 것입니다. 하지만 자꾸 책과 접하다 보면 책을 선택하는 눈이 생기게 마련입니다. 여기서 잊지 말아야 할 것이 있습니다. 맛있는 음식이 꼭 몸에 좋은 것이 아니듯 읽기 편한 책만 고집해선 안 된다는 것입니다. 때로 자신보다 약간 수준이 높은 책도 읽는 훈련을 해야 합니다. 그래야 이해력이 커지기 때문입니다. 또 좋은 책이라고 해서 한꺼번에 많이 구입해선 안 됩니다. 처음에는 좋아서 샀지만 시간이 지나면 마음에 부담되어 책읽기가 싫어지게 되기 때문입니다. 어릴 때 어떤 책을 읽느냐에 따라 인생의 가치관이 달라집니다. 좋은 책을 읽는 것은 성공적인 인생을 사는 골든 티켓입니다.

03 쳇, 엄마도 책 안 보면서

"모든 책의 가치의 그 절반은 독자가 만든다."
— 볼테르

영태는 게임광입니다. 세상에서 가장 행복한 시간은 게임할 때입니다. 게임할 때는 귀신이 잡아간다 해도 아랑곳하지 않을 정도입니다.

오늘도 영태는 집에 오자마자 컴퓨터를 켰습니다. 그러자 엄마가 한마디 했습니다.

"너는 학교 갔다 오자마자 게임부터 하니?"

"조금만 할 거야!"

엄마의 잔소리가 짜증스러웠습니다.

"숙제랑 책은 언제 볼 거야?"

엄마는 엄마대로 게임만 하는 영태가 얄밉습니다.

"지금 게임하다 훗날 뼈저리게 후회한다!"
화가 난 영태가 말했습니다.
"나만 매일 책보라고 그러는 엄마는 왜 책 안 봐?"
"엄만 바빠서 그렇지…."

아이들이 책을 읽지 않는 이유는 다양합니다. 텔레비전이나 컴퓨터 게임처럼 편하게 앉아 즐길 수 있는 것들이 많기 때문입니다. 무엇보다 화려한 영상에 익숙해진 아이들은 글로 된 책읽기가 따분하게 느껴지게 마련입니다.

영상은 그냥 편하게 눈으로 보면 이해가 됩니다. 그러나 책은 읽으면서 생각해야 비로소 이해할 수 있습니다. 게다가 만화나 게임은 자극적인 재미를 주기 때문에 한번 빠지면 헤어나오기가 쉽지 않습니다. 반면, 책은 읽다가 모르는 낱말이 나오면 내용이 잘 이해가 되지 않습니다. 그렇다고 사전을 찾아보거나 부모에게 물어보는 것은 귀찮기만 합니다. 결국 아이는 그냥 책을 덮어버리게 되는 것입니다. 대부분의 아이들은 이미 영상 매체에 익숙해져 있습니다. 영상 매체에 익숙하지 않은 아이들보다 익숙해진 아이들은 그만큼 책을 가까이하기란 쉽지 않습니다.

한 포털 사이트에서 어린이들을 상대로 독서에 대한 설문 조사를 했습니다. 어린이들에게 "왜 책을 읽지 않느냐?"고 물었습니다. 응답자의 절반 이상이 다음과 같이 대답했습니다.

"공부, 숙제, 학원 등으로 시간이 없어서요."

"부모님이 책을 읽지 않아서요."

"주변에서 책을 권하는 사람이 없어서요."

"부모님이 책값이 비싸다며 잘 사주지 않아서요."

"책보다 텔레비전이나 컴퓨터 게임이 더 재미있어서요."

이런 이유들은 아이들이 책을 가까이하지 않는 원인이 될 수 있습니다. 위의 대답을 살펴보면 책을 읽지 않는 원인으로 환경을 꼽을 수 있습니다. 사실 학원을 두세 군데 다니다 보니 한가한 시간이 없습니다. 하지만 선행학습을 하거나 예습·복습은 빠뜨릴 수 없는 중요한 일입니다. 이는 쉽게 환경을 바꿀 수 없는 이유이기도 합니다.

그렇다면 다른 환경을 바꾸는 것은 어떨까요? 예를 들어 부모가 아이와 함께 책을 읽거나 거실의 텔레비전을 치우고 그 자리를 도서관으로 꾸미는 일 등…. 이처럼 주변 환경을 바꾸는 것만으로도 독서 분위기를 만들 수 있습니다.

평소 책을 읽지 않는 부모를 둔 아이들이 있습니다. 이런 아이들에게 이렇게 의사표현을 하라고 충고합니다.

"엄마 아빠, 저랑 함께 책 읽어요. 저만 읽으니까 집중이 되지 않고 재미가 없어요."

"저도 친구들처럼 부모님과 함께 책 읽고 싶어요. 하나뿐인 딸

소원인데 그렇게 해주실 수 있죠?"

　이렇게 말하는 자녀에게 "엄마 아빤 원래 책을 안 좋아한단다" "혼자 책 읽어!" 하고 냉정하게 말하는 부모는 없을 테니까요.

　그리고 부모님들에게는 이렇게 조언하고 싶습니다.

　"거실에 있는 텔레비전을 과감히 치워버리세요. 대신 그 자리에다 멋진 책장을 놓아보세요. 그리고 아이들이 좋아하는 책들로 꾸며보세요."

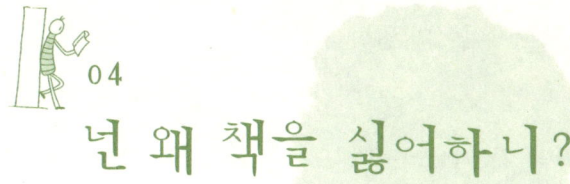

04 넌 왜 책을 싫어하니?

"널리 배우는 방법이 많지만, 독서하는 것만큼 좋은 것은 없다."
— 가이바라 에끼껭

모든 문제에는 원인이 있게 마련입니다. 책을 싫어하는 아이에게도 나름대로의 원인이 있지요. 자, 함께 그 원인을 찾아 책벌레로 변화시켜 볼까요.

➡ **엄마의 입장**

"남자애라 그런지 밖에서 노는 것만 좋아하지 책은 별로 좋아하지 않아요."

"당연히 책을 좋아했으면 좋겠죠."

"책을 읽으라고 하면 억지로는 읽는데, 스스로 원해서 읽지는 않아요."

▶ 아이의 입장

"엄마는 친구들이랑 수다를 떨거나 드라마 보면서, 저한테는 맨날 책 읽으라고 해요. 솔직히 저도 책보다는 게임이나 드라마 보는 게 재밌어요. 책을 읽으려고 해도 자꾸만 엄마가 보는 드라마 소리 때문에 집중이 안 돼요."

"우리 엄마는 내가 책 읽으려고 하면, '숙제해라!' '학원가라!' 잔소리를 하세요."

가장 배부른 소리가 '아이가 글 읽는 소리'라는 말이 있습니다. 모든 부모는 내 아이가 책을 가까이했으면 하는 바람이 있습니다. 그런데도 책을 즐겨 읽는 아이는 그다지 많지 않답니다. 오히려 "책보다 게임이 훨씬 재밌어요"라며 책을 멀리하는 아이들이 더 많습니다. 엄마는 아이가 책을 안 읽어서 걱정이라고 하고, 아이는 읽고 싶어도 방해요소가 너무 많아서 못 읽는다고 합니다.

아이가 책을 잘 읽지 않는 데는 그만한 이유가 있습니다. 그러니 원인을 찾기보다 무작정 아이에게 책을 읽으라고 윽박지른다면 아이는 더욱 책과 거리를 두게 마련입니다. 아이가 책을 싫어한다면 그 원인을 찾아보세요. 노트에다 그 원인을 하나하나 나열해 보세요.

> 책 안 읽는 원인?
> * 전집 위주로 책을 사기 때문에
> * 컴퓨터 게임을 너무 많이 하기 때문에
> * 부모님이 보는 텔레비전 소리가 너무 커서
> * 학원을 너무 많이 다니는 탓에 책 읽을 시간이 없어서
> * 집중력이 부족한 탓에 책읽기가 힘들어서

아이들마다 다양한 원인이 있을 것입니다. 이런 원인을 치료하면 아이가 책을 가까이하고 독서하는 데 많은 도움이 될 것입니다.

전집 위주로 책을 많이 사는 탓이라면 이렇게 해보세요. 책을 한 번에 한 권씩 구입하면 됩니다. 전집은 시리즈이기 때문에 수십 권, 많게는 백 권 이상으로 마음의 부담을 느낄 수 있습니다. 그러나 자기가 읽고 싶은 책을 한 권씩 구입하게 되면 가벼운 마음으로 읽을 수 있습니다. 또 읽은 책이 책장에 한 권씩 쌓이는 재미도 맛볼 수 있습니다.

컴퓨터 게임을 많이 한다면 게임하는 시간을 줄여보세요. 무작정 게임을 하기보다 시간을 정해서 하게 되면 보다 시간을 아낄 수 있습니다.

'오늘은 1시간만 해야지' '딱 30분만 게임하고 책 봐야지'

시간 계획표를 세우면 시간 도둑을 잡을 수 있습니다. 또 아이의 절제하는 능력도 함께 키울 수 있습니다.

부모가 보는 텔레비전 소리가 방해가 된다면 볼륨을 줄이거나 아이가 책을 보는 시간을 피해서 보세요. 더 좋은 방법은 텔레비전을 보는 시간에 아이와 함께 책을 읽는 것입니다.

학원을 많이 다닌다면 시간을 두고 우선순위를 정해서 학원 수를 줄이는 것이 좋습니다. 그리고 아이의 집중력이 부족하다면 책을 오랫동안 읽히기보다 10분씩 집중해서 읽는 훈련을 해보세요. 아이의 집중력을 키우는 데 많은 도움이 됩니다.

몸이 아프다면 병명을 알아야 적절하게 처방할 수 있습니다. 마찬가지로 아이가 책을 멀리 하는 이유를 알아야 원인을 제거할 수 있습니다. 무작정 아이에게 책을 읽으라고 윽박지르기보다 원인을 찾아보세요. 원인을 제거하는 순간 아이는 거짓말처럼 사랑스런 책벌레가 될 것입니다.

05 넌 커서 뭐가 될래?

"책을 한 권 읽으면 한 권의 이익이 있고, 책을 하루 읽으면 하루의 이익이 있다."
― 괴문절

"넌 꿈이 뭐니?"

"넌 커서 뭐가 될래?"

"지금 성적 보니 앞날이 뻔하다."

부모들은 종종 아이에게 이런 말을 합니다. 하지만 아이는 이런 말을 가장 듣기 싫어합니다. 사실 말 속에 부모님의 염려와 걱정이 담겨 있더라도 받아들이는 아이의 입장에서는 기분이 좋지 않기 때문입니다. 이런 말을 들으면 아이는 자존심이 상하게 되는 것입니다.

이제부터는 아이의 자존심을 긁기보다 함께 꿈을 찾는 친구가 되어보세요. 대부분의 아이들이 꿈을 찾지 못한 것은 어디에서 어떻게 찾아야 하는지 모르기 때문입니다.

성공한 사람들은 어릴 적부터 자기의 꿈을 찾았습니다.

"난 변호사가 되어 어려운 사람들을 도와줄 거야."

"선생님이 되어 사랑으로 학생들을 가르치고 싶어."

"박지성처럼 훌륭한 축구선수가 되어 우리나라를 빛내고 싶어."

성공한 사람들은 일찍부터 꿈을 찾았기 때문에 다른 사람들보다 일찍 꿈을 향해 달려갈 수 있었습니다. 그러나 꿈을 늦게 발견한 사람은 그만큼 시간적 여유가 많지 않습니다. 그러다 보니 쫓기게 되고, 단기간에 자신이 기대했던 결과가 나타나지 않으면 조바심이 나 쉽게 포기하게 됩니다.

그라시안은 "꿈을 품어라. 꿈이 없는 사람은 아무런 생명력도 없는 인형과 같다"고 말했습니다. 꿈은 세상에서 자신이 이룰 수 있는 에너지를 주고 스스로 소중한 사람이라는 것을 깨닫게 해줍니다. 꿈이 없는 사람은 그라시안의 말처럼 생명이 없는 인형과 다를 바 없습니다.

아직 자신의 꿈을 찾지 못한 아이들도 있습니다. 그런 아이들에게 나는 책 속에서 꿈을 찾으라고 조언하고 싶습니다. 가수 '비'가 멋있어서 "나도 비처럼 꼭 가수가 되어야지"하고 생각하는 아이, 영화나 드라마에 나오는 연예인이 부러워서 자신도 연예인이 되고 싶다고 말하는 아이도 있습니다.

이런 아이들에게 현명한 부모는 꿈은 막연히 누군가를 동경하는 마음으로 정해선 안 된다는 것을 가르칩니다. 그 대신 스스로 이런 질문을 하게끔 도와줍니다.

'난 왜 변호사가 되고 싶은 걸까?'

'변호사가 되면 내가 어떤 좋은 일을 할 수 있을까?'

'변호사가 되기 위해 어떻게 해야 할까?'

성공하는 아이는 자기만의 색깔이 있습니다. 자기가 왜 그 꿈을 이루고 싶어하는지 분명한 목적의 색깔. 그 목적이 자기만을 위한 것이기보다는 모든 사람들에게 이로운 것이면 더욱 좋을 것입니다.

그러나 이런 꿈을 혼자 찾기에는 어려움이 따릅니다. 그래서 아이들은 '꿈'을 찾는 일은 복잡하거나 귀찮은 일로 여기게 되는 것입니다. 아이에게 먼저 그런 삶을 살았던 위인들의 책을 읽히거나 현재 그런 삶을 살고 있는 사람들이 쓴 책을 읽혀보세요. 자신의 진로를 결정하는 데 많은 도움이 될 것입니다. 그들을 통해 생각하지도 못했던 어려운 점에 대해 알 수도 있습니다. 또한 그 꿈을 이루기 위해 지금부터 무엇을 어떻게 준비해야 하는지도 알 수 있습니다.

아이와 함께 꿈에 대해 생각해 보세요. 그리고 아이가 가슴에

간절히 원하는 꿈을 품을 수 있도록 이끌어주세요.

　꿈이 있는 사람은 어떤 상황에 처해도 당당합니다. 꿈은 세상에서 가장 든든한 재산이기 때문입니다.

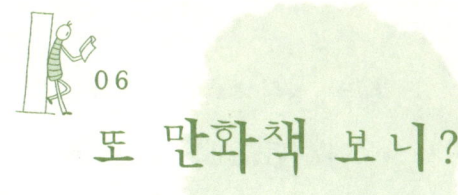

06 또 만화책 보니?

"친구를 고르는 것과 같이 저자를 고르라."
— 로스코몬

대부분의 아이들은 글로 구성된 책보다 만화책을 즐겨봅니다. 그만큼 만화 속의 캐릭터와 그림들이 호기심을 자극하기 때문입니다. 그런데 부모는 만화책을 보는 것을 부정적인 시선으로 바라봅니다.

"넌 또 만화책이야?"

"네가 유치원생이야? 만화책을 보게."

대부분의 부모들이 만화책을 좋지 않게 생각하는 데는 이유가 있습니다. 만화의 장점인 재미가 오히려 학습효과를 떨어뜨리기 때문입니다. 뿐만 아니라 과장되게 표현된 부분이나 줄거리에 끌리다 보면 정작 핵심 내용을 파악하지 못하고 지나칠 수 있습니다.

또 만화의 성격상 글은 최소화하고 주로 그림으로 상황을 설명하기 때문에 어휘력 발달에 걸림돌이 될 수 있습니다. 만화에만 익숙해지면 글만으로 구성된 책에 대한 흥미를 잃거나, 그림 없이는 내용을 이해하는 데 어려움을 겪을 수도 있게 됩니다. 그래서 만화책만 보는 아이는 그림이 없는 책은 어렵고 지루하게 여기는 것입니다.

부모들이 만화책을 부정적으로 바라보는 또 다른 이유가 있습니다. 만화책 가운데 바르고 정확한 지식을 담기에는 불충분한 책이 많기 때문입니다. 그럼에도 불구하고 아이들은 만화책에서 얻은 지식이 전부라고 생각하게 됩니다. 세상의 다양한 책 속에 담겨 있는 지식과 지혜를 생각하면 참으로 잘못된 생각이 아닐 수 없습니다.

독서지도 전문가들은 하나같이 이렇게 말합니다.

"만화책은 한쪽으로 치우쳐진 내용을 담고 있는 경우가 많습니다. 그런 경우 만화책이 갖는 강한 학습효과 때문에 아이들에게 잘못된 선입견을 심어줄 수 있습니다."

그러나 만화책에는 단점만 있는 것이 아닙니다. 단점 못지않게 장점도 많습니다. 무엇보다 책을 싫어하는 아이들도 거부감 없이 받아들일 수 있다는 것이 큰 장점입니다. 만화책은 그림을 활용해

입체적으로 정보를 전달해 줍니다. 어렵고 복잡한 내용도 쉽게 이해하고 오래 기억할 수 있게 해줍니다.

만화책 《그리스 로마 신화》에 재미를 들인 친구들은 수많은 신들의 이름과 특징을 줄줄 외우곤 합니다. 부모들은 자녀들의 그런 모습을 보며 흐뭇한 마음마저 느끼게 됩니다.

'책을 읽더니 기억력이 많이 향상되었나 보네, 후훗!'

'역시 책을 많이 읽으니 집중력이 좋아졌네. 앞으로 책을 많이 읽혀야겠어.'

이런 생각은 아이가 책을 사달라고 할 때 기쁜 마음으로 사주게 됩니다. 만일 아이가 만화책보다 글로 된 책만 읽으라고 강요받았다면 어떠했을까요? 분명 아이는 책과 담을 쌓았을 것입니다.

만화는 책에서 다루는 주제의 전체적인 흐름을 파악하는 데도 도움을 줍니다. 그래서 글로만 구성된 책의 내용을 이해하지 못하는 친구도 만화책은 쉽게 줄거리를 이해하게 됩니다.

여러분, 혹시 "또 만화책 보니?" 하고 야단칠 때 아이들이 어떻게 대답하나요?

"엄마(아빠), 만화책이 단점만 있는 게 아니에요. 장점도 많아요. 내용도 술술 이해되고 무엇보다 만화책을 먼저 보고 나서 글로 된 책을 읽으면 훨씬 이해하기기 쉬워요."

만일 아이가 이렇게 대답한다면 아이는 만화가 가지고 있는 장점과 단점에 대해 두루 이해하고 있는 것입니다. 따라서 만화책이 안고 있는 단점에 대해 걱정하지 않아도 됩니다.

좋은 만화책을 고르는 요령
* 만화책으로서의 재미와 학습교재로서의 충실도를 두루 갖춘 책을 고르기.
* 장삿속으로 외국 작품을 날림으로 번역해 펴내거나 해당 분야 전문가의 감수를 받지 않은 책은 피하기.
* 좋은 어린이 책을 꾸준히 펴내 온 출판사인지, 명성이 있는 작가와 감수자의 손을 거친 책인지 세밀하게 살펴보기.
* 같은 분야의 만화책을 여러 권 동시에 놓고 비교해 보기.
* 새롭고 정확한 정보를 주는지, 대사가 너무 단순하지 않은지, 같은 그림이 계속 반복되지는 않는지 등을 꼼꼼하게 따져본 뒤 구입하기.
* 서점에 가기 전에 어떤 책을 얼마나 살지 미리 정하기.

07 네가 책을? 해가 서쪽에서 뜨겠다!

"집은 책으로 꽉 채우고, 화원은 꽃으로 채워라."
— 앤드류 랑그

평소 책을 안 읽는 아이, 책보다 운동을 더 좋아하는 아이, 책 보는 시간이 가장 아깝다고 생각하는 아이, 단 하루도 게임을 하지 않으면 입안에 가시가 돋는 아이…. 이런 아이들에게는 주위 사람들에게 '책 안 읽는 아이'라는 수식어가 따라다닙니다. 그리하여 정말 재미있는 책이 있어도 읽지 못합니다. 왜냐하면 주위 사람들에게 놀림을 당할까봐 걱정되기 때문입니다.

용수는 평소 책을 읽지 않는 편에 속합니다. 그래서 부모님은 하루에도 몇 번씩이나 "책 좀 읽어라" 하고 잔소리를 하지요. 그런 용수가 오늘따라 집에서 책을 보고 있었습니다. 친구 민규한테서 빌린 요즘 한창 인기 있는 판타지 소설이었습니다. 엄마는 방에서 게임 대신 책을 읽고 있는 용수를 보며 말했습니다.

"웬일로 네가 책을 다 읽고. 내일은 해가 서쪽에서 뜨겠다! 하하!"

그러자 아빠도 한마디 거들었습니다.

"우리 용수 이제 철들었나 보다. 책벌레가 다 되고!"

"너 혹시 그림만 보는 거 아니야? 쿠쿠."

"그, 그게 아닌데…. 나 책 읽기 싫어!"

그렇게 온 가족은 용수를 보며 놀려댔습니다.

평소 책과 담을 쌓은 용수가 책을 보는데 가족들이 도와주지 않네요. 이런 용수의 마음은 얼마나 부끄러울까요? 주위에 보면 책을 읽으라며 야단치는 부모들을 심심찮게 볼 수 있습니다. 그러나 막상 자녀가 책을 읽으면 용수의 부모처럼 놀리곤 합니다. 부모는 책을 안 읽던 자녀가 책을 읽으니 신기하기도 하고 기분이 좋아서 그럴 테지만 자녀의 마음은 부끄럽게 마련입니다.

그렇다면 어떻게 하면 이와 같은 부끄러운 상황을 방지할 수 있을까요? 답은 딱 한 가지입니다.

'아이가 틈틈이 독서하는 습관을 가지게 하는 것!'

아이가 하루에 10분씩이라도 책을 읽게 해보세요. 시간은 그리 중요하지 않습니다. 무엇보다 아이가 책을 읽는 습관을 들이는 것이 중요하기 때문입니다. 시간이 지나면서 자연스레 아이 스스로도 책과 자연스러운 사이가 될 것입니다. 그러면 더 이상 용수처럼 "왠일로 네가 책을 다 읽고. 내일은 해가 서쪽에서 뜨겠다!"라는 말은 하지 않게 됩니다.

'독서는 다른 누군가를 위해서가 아닌 자기 자신을 위한 것!'
여러분 부모님에게는 여러분 부모님의 인생이 있습니다. 그렇듯이 아이에게는 아이의 인생이 있습니다. 그 인생을 보다 행복하게 살게끔 도와주는 것 중의 하나가 바로 책입니다.

PART 3

서점은 가장
행복한 놀이터

01 아이와의 약속 장소, 서점으로 택하라!

"금전이 충만한 집보다도 책이 가득한 집을 소유하라."
— 존 릴리

'온 사방이 책으로 둘러싸여 있는 공간'

'하루 종일 공짜로 원하는 책을 읽을 수 있는 공간'

'의자에 앉아 음악을 들으며 책을 읽을 수 있는 공간'

여러분은 이곳이 어디라고 생각하나요? 빙고! 서점입니다. 서점에는 엄청난 양의 책들이 가득 차 있습니다. 책을 사기 위해 수많은 사람들이 쉴 새 없이 들락날락거리지요. 또 하루종일 공짜로 원하는 책을 읽을 수도 있습니다. 물론 의자에 앉아 감미롭게 흐르는 음악까지 곁들여서 말이지요.

요즘 서점에 가보면 의자에 앉거나 여의치 않으면 아무렇게 자리를 잡아 책을 읽는 사람들을 쉽게 볼 수 있습니다. 언제부턴가 이런 광경은 친숙하게 다가옵니다. 특히 아동 코너에 가보면 어린이들이 옹기종기 모여 책을 읽는 모습을 볼 수 있습니다. 이보다 더 아름다운 모습은 없을 것입니다. 나는 자녀를 둔 부모에게 아이와의 약속 장소로 서점을 택하라고 조언합니다. 물론 이렇게 반문하는 사람도 있을 것입니다.

"왜 서점에서 아이를 만나나요?"

"서점은 책을 사는 곳이잖아요."

"아이가 서점에서 만나는 것을 좋아할까요?"

이는 서점이 얼마나 좋은 점이 많은 곳인지 모르기 때문입니다. 더운 여름에는 시원할 뿐 아니라 추운 겨울에는 더없이 따뜻한 공간이 바로 서점이니까요. 무엇보다 새로 출간된 책을 돈 한 푼 들이지 않고 공짜로 읽을 수 있습니다. 이보다 더 기쁘고 행복한 일이 어디 있을까요? 서점에서 아이를 만나다 보면 자연스레 아이는 서점과 친해지게 됩니다. 그리고 덩달아 책과 친구하게 되지요.

책을 많이 읽는 사람은 그렇지 않은 사람에 비해 고상하고 지적으로 비춰집니다. 뿐만 아니라 박학다식한 사람으로 생각됩니다. 그래서 사람들은 이런 사람을 업신여기거나 함부로 대하지 못하는 것입니다.

'이 사람은 책을 많이 보기 때문에 아는 것도 많을 거야.'

'괜스레 아는 체 했다가 창피만 당할지도 몰라. 그냥 얌전히 있어야지.'

여러분, 조금만 생각을 달리해 보세요. 서점은 생각하기에 따라 아이에게 가장 훌륭한 약속 장소, 놀이터가 됩니다. 책을 읽으며 지식과 지혜를 얻고 창의력과 상상력을 키울 수 있는 곳! 책으로 가득한 보물창고, 서점이 아닐까 생각합니다.

02 신간을 공짜로 보는 재미

"어린이를 다루는 것과 같이 책을 취급하라."
— 브레이즈

'엄마는 책도 안 사주고…….'

동수는 엄마에게 《해리포터》 마지막 편을 사달라고 했다가 야단만 맞았습니다.

'그동안 내가 마지막 편을 얼마나 기다렸는데, 엄마는 알지도 못하면서…….'

동수는 학원으로 가는 길에 현규를 만났습니다.

"해리포터 이번에 새로 나온 책 봤어?"

현규가 물었습니다.

"아니, 아직. 엄마가 안 사주셔. 그 대신 동화책 읽으래."

"쯧쯧, 안 됐다. 난 벌써 읽었는데."

"정말? 어때, 재밌지? 아, 나도 보고 싶다."

그때 현규가 웃으며 말했습니다.

"난 책 안 사고 공짜로 읽었어."

현규의 말에 동수의 두 눈이 토끼눈이 되었습니다.

"시내 대형서점에서 친구들이랑 공짜로 읽었어. 그것도 출간되자마자 바로."

"아, 그렇구나! 그런 방법이 있었구나."

아이는 부모가 주는 용돈으로 책을 마음껏 사보기는 불가능합니다. 그래서 부모님이 사주시는 책을 위주로 읽을 수밖에 없습니다. 먹고 싶은 음식을 먹지 못할 때 더욱 먹고 싶은 법입니다. 이와 마찬가지로 읽고 싶은 책을 못 읽는다면 그 호기심은 더욱 증폭되지요.

'아, 꼭 읽고 싶다!'

'아마 1편보다 2편이 더 재밌을 거야.'

나는 아이들에게 서점에 가면 책을 공짜로 읽을 수 있다고 살짝 귀띔합니다. 현규처럼 서점에 가서 공짜로 읽으면 되기 때문입니다. 실제로 서점에 가보면 많은 사람들이 앉거나 서서 책을 펼쳐들고서 열심히 읽고 있는 모습을 볼 수 있습니다. 이런 모습은 전혀 부끄러울 것이 없습니다. 오히려 서점에 오는 사람만이 누릴 수 있는 특권이라고 할 수 있지요.

간혹 이런 질문을 하는 아이도 있습니다.

"책을 사지 않고 펼쳐보면 매장 언니들이 야단치지 않나요?"

어떻게 책을 읽느냐에 따라 야단칠 수도, 흐뭇하게 미소 지을 수도 있습니다. 만일 아이들이 서점에서 시끄럽게 떠든다면 다른 사람들에게 방해가 될 것입니다. 이때는 매장 담당자들이 곱지 않은 눈으로 바라볼 것입니다. 그리고 책을 구기거나 더럽힐 때도 담당자로부터 야단맞을 테지요. 왜냐하면 서점에 진열되어 있는 책은 새 책이기 때문에 훼손돼 판매를 할 수 없기 때문입니다. 그러나 조용히 앉아 깨끗하게 본다면 아무도 아이들에게 야단칠 사람은 없답니다.

여러분, 아이들에게 이렇게 말해보세요.

"얘야, 서점에 가면 신간을 공짜로 읽을 수 있단다. 친구들과 가보렴."

아이는 눈을 반짝이며 호기심을 갖게 될 것입니다. 그리고 머지않아 친구들과 함께 서점으로 달려갈 테지요. 서점에서 따끈따끈한 신간을 공짜로 보는 것! 책을 아끼고 사랑하는 사람으로서 누려야 할 당연한 권리가 아닐까 생각해 봅니다.

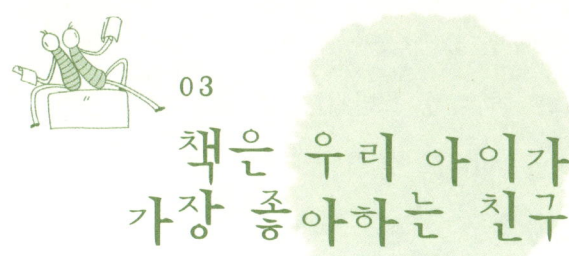

03
책은 우리 아이가 가장 좋아하는 친구

"선박 없이 해전에서 승리할 수 없는 것 이상으로, 책 없이 사상전에서 이길 수는 없다."
— 프랭클린 루즈벨트

"난 책 볼 때 가장 행복해."
"기다렸던 신간이 나왔을 때 날아갈 듯이 기뻐."
"책 선물을 받을 때 가장 행복해."

책을 좋아하는 아이들의 말입니다. 이런 아이들은 그 어떤 일보다 자기가 좋아하는 책을 볼 때 가장 즐겁다고 말합니다. 또 읽고 있는 책이 시리즈라면 후속편이 출간되었을 때 가장 행복해 하지요. 누군가로부터 책 선물을 받을 때도 빼놓을 수 없는 기쁨입니다.

모든 책벌레에게는 책을 좋아하게 된 나름의 계기가 있답니다.

《삐삐 롱 스타킹》을 쓴 베스트셀러 작가인 아스트리드 린드그렌. 그는 《삐삐 롱 스타킹》을 출간해 세계의 많은 아이들에게 사랑을 받았습니다. 그런 그에게는 어떤 계기가 있었을까요? 그는 어떻게 책과 친구하게 되었을까요?

책과의 만남은 다섯 살쯤에 하녀 크리스틴의 부엌에서 시작되었습니다. 그는 거기서 세상에는 자연만이 아니라 문명도 존재함을 처음 깨달았습니다. 크리스틴의 아이 에디트가 학교에서 빌려와 읽어준 《거인 밤밤과 요정 비리분다》의 동화 때문이었습니다. 이 경험은 그의 마음을 뒤흔들어 놓았습니다. 그리고 그는 스스로 책 읽는 법을 배우게 되었습니다. 그래서 린드그렌은 직접 책을 찾아 읽기 시작했지요.

그러던 어느 날, 담임선생님이 크리스마스에 안내책자에서 한 권씩 골라 선물로 책을 주문하게 해주었습니다. 마침내 처음으로 혼자만의 책을 가지게 된 것이었습니다. 그때 그는 행복해서 기절할 정도였습니다.

그가 열 살이 되었을 때 상급학교에 진학하게 되었습니다. 그때 그는 학교도서관에 틀어박혀 모든 책을 읽었습니다. 그가 읽은 책에는 쥘베른의 책들, 《몽테크리스토 백작》, 《삼총사》, 《보물섬》, 《톰소여와 허클베리핀》, 《빨강머리 앤》, 《작은 아씨들》도 있었습니다. 그리고 고전뿐 아니라 연애소설까지 닥치는 대로 읽으며 성장했습니다.

그는 집안일 때문에 무한정 독서할 시간을 내는 것은 어려웠습니다. 하지만 어린 막내동생을 돌볼 때면 책을 노래처럼 부르며 읽기도 했습니다. 책과 함께하던 린드그렌의 삶은 그렇게 만들어지기 시작했습니다. 그리고 세월이 흘러 린드그렌은 어린이 마음을 즐겁게 해주는 최고의 동화작가가 되었습니다.

책을 즐겨 읽는 사람은 정말 행복한 사람입니다. 책 속에 담겨있는 지식과 지혜, 경험들을 마음껏 섭취할 수 있기 때문입니다. 무엇보다 책이 주는 교훈과 감동은 그 무엇과도 비교할 수 없습니다.

이렇게 말하는 아이들도 있습니다.

"저는 책 읽는 일이 가장 힘들어요."

"무슨 재미로 책을 보는지 모르겠어요."

"책 보는 것보다 텔레비전 보는 게 더 재밌는걸요."

"책을 읽어도 이해가 되지 않는데요."

이런 아이들은 책 속에 숨어 있는 즐거움을 모르기 때문입니다. 그렇다고 해서 여러분은 너무 염려할 필요는 없습니다. 아스트리드 린드그렌처럼 머지않아 아이에게도 책과 친구가 될 수 있는 계기가 찾아올 테니까요. 그 계기는 언제 어디에서 어떤 방식으로 찾아올지 아무도 모릅니다.

그 계기로 인해 아이는 아스트리드 린드그렌처럼 세계적인 동화작가가 될 수도 있습니다. 빌 게이츠와 같은 CEO가 될 수도 있습니다. 무엇보다 책과 가까이하게 되어 공부에 남다른 재능을 발휘할 수도 있습니다. 자기만이 가지고 있는 잠재력을 십분 발휘해 사람들을 놀라게 할 수도 있습니다.

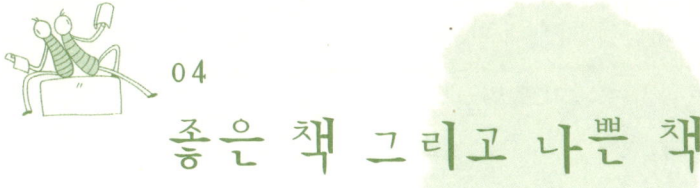

04 좋은 책 그리고 나쁜 책

"신이 인간에게 책이라는 구원의 손을 주지 않았더라면,
지상의 모든 영광은 망각 속에 묻히고 말았을 것이다."
— 리처드 베리

"어떻게 좋은 책을 골라야할지 모르겠어요."

"선생님, 어떤 책이 좋은 책이고 나쁜 책이에요?"

"우와! 이렇게 많은 책들 중에 좋은 책을 어떻게 고르지."

하루 200권에 가까운 새로운 책들이 쏟아집니다. 실제로 대형 서점에 가보면 하루가 다르게 새로운 책들이 진열되는 것을 볼 수 있습니다. 그만큼 독자들은 자신이 원하는 책을 고르기 쉽지 않습니다. 그래서 대부분 사람들은 언론매체나 온·오프라인 서점 등이 주나 월별로 제공하는 베스트셀러 중심으로 책을 고르는 경우가 많습니다.

사람들 가운데 베스트셀러만 고르는 사람도 있습니다. 베스트셀러는 많이 팔린 책이기 때문에 믿을 수 있다는 생각 때문입니다.

"책이 재미있고 괜찮으니까 베스트셀러가 됐겠지."

"베스트셀러는 가장 많이 팔린 책이라 분명 재미있을 거야."

베스트셀러라고 해서 좋은 책일까요? 베스트셀러는 그야말로 특정 기간에 많이 팔린 책을 말하는 것입니다. 그래서 대부분 독자들은 베스트셀러에 좋은 느낌을 가지고 있습니다. 그러나 출판 쪽에 근무하는 사람들과 수준 높은 독자들은 다른 생각을 가지고 있답니다.

출판사에서 근무하는 사람들은 이렇게 말합니다.

"대부분 출판사들이 작전을 통해 베스트셀러를 만들어요. 그래야 독자들이 구입하기 때문이지요."

"베스트셀러라고 무작정 구입하게 되면 돈만 낭비하게 됩니다. 좋은 책을 고르려면 주위 사람들이 추천해 주거나 직접 책을 살펴보는 것이 중요합니다."

베스트셀러라고 해서 무조건 좋은 책이라고 할 수 없습니다. 그래서 최근에는 포털 사이트들이 독자의 반응을 기초로 '베스트북'을 선정하거나 인기 검색어에 오른 키워드를 통해 독자들에게 좋은 책을 추천해 주고 있습니다.

간단하게 좋은 책과 나쁜 책을 고르는 요령을 알아볼까요.

좋은 책을 고르기 위해선 유명한 좋은 출판사의 책을 고르는 게 중요합니다. 출판사의 이름이 유명하다는 것은 이미 많은 사람들이 그 출판사의 책을 구입해서 믿음을 가지고 있다는 뜻과 같답니다. 따라서 출판사의 브랜드만으로도 완성도를 믿을 수 있지요. 좋아하는 작가의 책을 선택해 보세요. 대부분의 작가들은 앞의 작품보다 더 잘 쓰려고 노력하게 마련입니다. 책의 제목으로 그 책이 지니고 있는 가치를 판단할 수 있습니다. 제목은 작품 완성의 마지막 마침표와 같기 때문입니다. 흔히 사람들이 "제목만 봐도 어떤 내용인지를 짐작이 간다"고 말하는 이유가 여기에 있습니다. 본문 그림을 잘 살펴보세요. 그림에 정성을 기울였다면 덩달아 내용도 좋게 마련입니다. 그리고 신문에 서평이 자주 실리는 책은 믿을 만합니다. 독자들의 반응이 좋기 때문에 신문사들이 앞다투어 서평을 실어주기 때문입니다.

이제 나쁜 책에 대해 살펴볼까요. 책을 고를 때 다음과 같은 점에 유의할 필요가 있습니다. 내용과 다른 그림이나 의미 없는 그림이 있는 책. 내용을 파악하는 데 혼란을 가져다줍니다. 쪽수는 적은데, 고급 종이로 두껍게 만들어 값을 올린 책. 이런 책은 출판사의 수익성만 따지기 때문에 책의 내용이나 질이 현저히 떨어집니다. 화려한 표지와 복잡한 본문으로 내용의 빈약함을 감춘 책은 피해야 합니다. 책의 부족한 내용을 화려한 디자인으로 채우려는 사람들의 얄팍한 계산이 깔려 있답니다.

좋은 책은 마음의 양식이 되지만 그렇지 않은 책은 해가 됩니다. 책을 고를 때는 신중할 필요가 있습니다. 선택한 책 한 권에 인생이 달렸다고 해도 과언이 아닙니다. 꿈과 성공으로 향하는 길은 책 속에 숨어 있습니다. 그래서 성공한 사람들은 거듭 책을 많이 읽어야 한다고 강조하는 것입니다.

아이를 똑똑한 책벌레로 키우고 싶은 여러분. 이 말을 가슴에 깊이 새겨보세요.

"사람은 책을 만들지만 책은 사람을 만든다."

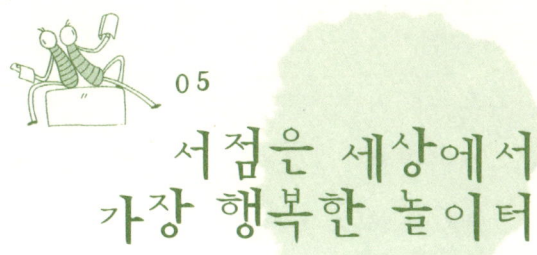

05 서점은 세상에서 가장 행복한 놀이터

"두뇌의 세탁에 독서보다 좋은 것은 없다. 건전한 오락 가운데 가장 권장해야 할 것은
자연과 벗하는 것과 독서하는 것, 두 가지라 하겠다."
— 도꾸도미 로까

"엄마, 서점에 놀러가요."

"서점이 놀이터니? 놀러가게. 호호."

"서점이 가장 재미있단 말이에요. 책도 마음대로 읽을 수 있고…. 주스랑 샌드위치도 팔잖아요."

"이 녀석, 이제 아주 공짜에 재미 붙였네."

서점에 가는 것만으로도 마음이 즐겁습니다. 수많은 책들로 가득 차 있는 곳에서 마음대로 읽을 수 있다는 것. 좋아하는 친구들과 함께 서점에서 책을 읽는다는 것은 그 무엇과도 비교할 수 없는 즐거움입니다.

요즘 물가상승으로 인해 책값이 많이 올랐습니다. 그래서 책을 많이 읽는 아이를 둔 부모들은 적지 않은 부담이 됩니다. 그런 나머지 아이 앞에서 무심코 이런 말을 하게 됩니다.

"책 사주려다 등골 빠지겠네."

"제대로 읽고 또 사달라는 거니?"

이런 말을 들은 아이는 부모님에게 책 사야한다는 말을 꺼내기가 쉽지 않습니다. 하지만 아이가 읽고 싶은 책은 꼭 읽어야 직성이 풀린다면 큰 고민이 아닐 수 없지요. 이럴 때는 이렇게 해보세요.

아이의 손을 잡고 서점으로 가세요.

서점에는 다양한 종류의 책들이 여러분의 손길을 기다리고 있습니다. 서점은 세상에서 가장 훌륭한 놀이터라고 할 수 있습니다.

서점에 가면 좋은 이유를 한번 꼽아볼까요.

첫째, 읽고 싶은 책들을 마음대로 읽을 수 있다.

둘째, 굳이 책을 사지 않고도 공짜로 읽을 수 있다.

셋째, 출간된 지 얼마 안 되는 신간을 읽을 수 있다.

넷째, 다양한 지식과 지혜를 쉽고 편하게 경험할 수 있다.

다섯째, 좋은 책과 나쁜 책을 고르는 눈높이를 키울 수 있다.

여섯째, 서점에서 시간을 보내게 되면 돈 한 푼 들이지 않고 즐거운 시간을 보낼 수 있다.

  일곱째, 서점에 가는 것만으로도 주위 사람들에게 지적인 사람으로 비춰진다.

  여덟째, 책을 읽을수록 자기 자신을 더욱 아끼고 사랑하게 된다.

  아홉째, 자신의 꿈과 목표를 발견하게 된다.

  열 번째, 책 속에 숨어 있는 교훈을 올바른 삶을 위한 길잡이로 삼을 수 있다.

  서점에 가면 좋은 이유는 아무리 열거해도 끝이 없습니다. 그 중에서 가장 좋은 점은 신간을 돈 들이지 않고 마음껏 읽을 수 있다는 것입니다.

  아이들 중에 새로 읽을 책이 없다는 이유로 게임을 하거나 텔레비전을 보는 친구들이 있습니다. 게임과 텔레비전은 행복한 인생을 갉아먹는 해충과 같습니다. 인생에 아무런 도움이 되지 않습니다. 이때 역시 아이와 함께 서점으로 산책을 가면 어떨까요?

  책은 지식을 채워주고 삶을 좀 더 현명하게 살 수 있는 지혜를 선물합니다. 또한 자신에게 부족한 부분을 책을 통해 채울 수 있습니다. 그리하여 남들보다 나은 조건에서 꿈을 향해 달려갈 수 있습니다.

06 누가 빨리 읽나 자장면 내기

"고인의 책은 읽어야 할 가치가 있다."
— 데카르트

"어차피 공짜로 책 보는데 대충 보면 되지 뭐."

"무슨 소리야. 책은 제대로 읽어야 해. 책에 대한 예의가 그게 뭐니?"

서점의 어린이 코너에서 두 친구가 실랑이를 하고 있습니다. 한 친구는 공짜로 보는 책이라는 이유로 대충 보려고 하고, 다른 친구는 생각을 집중해서 읽어야 한다고 말합니다.

여러분은 어떤 친구의 의견이 옳다고 생각하나요? 대부분의 아이들은 누군가로부터 책을 선물 받으면 건성으로 읽는 경우가 있습니다. 왜냐하면 선물 받은 책은 '공짜 책' 이라는 생각 때문이지요. '어차피 공짜로 생긴 책인데 읽어도 그만, 안 읽어도 그만'

이라고 여기게 됩니다. 만일 아이가 용돈을 아껴서 책을 샀다면 어떨까요? 용돈이 아까워 처음부터 끝까지 집중해서 읽을 것입니다. 이처럼 마음속에는 '공짜심리'가 숨어 있답니다.

'공짜심리'는 때로 서점에서도 작용합니다. 자신이 원하는 책을 공짜로 볼 수 있다고 해서 대충대충 읽을 때가 있습니다. 책을 대충 읽게 되면 남는 것이 하나도 없답니다. 오히려 시간만 낭비하게 되지요. 차라리 그 시간에 친구들과 운동을 한다면 몸이 더욱 튼튼해질 것입니다.

'공짜심리를 없애는 방법!'

서점에서의 '공짜심리'를 사라지게 하는 방법이 있습니다. 쉽게 말해 책을 더 재미있게 읽는 방법이라고 할 수 있습니다. 서점에 가는 아이에게 용돈을 좀 쥐어주거나 보세요. 그리고 이렇게 말해보세요.

"친구와 책을 누가 더 빨리 읽는지 자장면 내기해 봐. 그 대신 빨리 읽더라도 제대로 읽어야 해."

이때 아이에게 책을 빨리 읽는 데만 치중하기보다 내용을 충분히 이해하면서 빨리 읽어야 한다고 주지시킬 필요가 있습니다.

"우리 누가 책 빨리 읽는지 내기할까? 그 대신 읽은 책에 대해 줄거리를 말해줄 수 있어야 해."

"내가 가장 좋아하는 자장면 내기하자고? 좋아!"

책을 읽고 난 후 아이들은 서로 질문하거나 책의 줄거리에 대해 말할 것입니다. 그러면 책을 빨리 읽으면서 내용도 제대로 파악할 수 있습니다. 그리고 집으로 돌아오는 길에 친구와 함께 먹는 맛있는 자장면 맛은 소중한 추억으로 간직될 것입니다.

좋은 친구와 함께 책을 보고 난 후 먹는 자장면은 우정을 돈독하게 해줄테니까요.

"우와, 정말 맛있다."

"한마디로 꿀맛이야!"

"우리 다음 주말에도 서점에 올까?"

"좋아! 그땐 아까 읽은 책 후속편 봐야지."

07 세상에서 가장 똑똑한 책벌레

"법률은 죽지만, 책은 죽지 않는다."
― 리튼

"삼촌, 우리 반에 정말 똑똑한 애가 있어."
"그래? 얼마나 똑똑하길래?"
"친구들이 물어보면 모르는 게 없어."
"음…. 예를 든다면?"
"그러니까, 한 친구가 나폴레옹에 대해서 물어보면 언제 어디에서 태어나서, 어떤 전투를 치렀고 언제 죽었는지까지 다 알아."
"와! 정말 대단한 친구로구나."
"맞지? 나도 그렇게 생각해. 한편으로는 부러워."

조카와 나눈 이야기입니다. 조카는 친구의 지식에 대해 자랑했습니다. 그러면서 마음 한편으로는 '나도 그 친구처럼 똑똑하면 얼마나 좋을까? 라는 부러움이 담겨 있었습니다. 그런 조카에게 이렇게 말해주었습니다.

"부러워할 것 없어. 너도 지금부터 책을 열심히 읽으면 그 친구처럼 똑똑해질 수 있으니까."

"정말 그럴까? 그렇다면 지금부터 나도 책을 열심히 읽어야겠네."

그제야 조카는 마음이 좀 위안이 되었는지 방긋 웃으며 말했습니다.

주변에 박학다식한 아이들이 있습니다. 어려운 문제가 있어도 척척 답을 찾아냅니다. 또 어떤 질문을 던져도 기다렸다는 듯이 답을 들려줍니다. 여러분은 이런 아이를 보며 마냥 부러워하거나 질투할지도 모릅니다.

"우리 애도 저랬으면 얼마나 좋을까?"

"어떻게 키웠길래 저렇게 똑 소리 날까?"

이런 아이들은 영재학원에서 특별 수업을 받은 것도 아닙니다. 그저 다양한 분야의 책을 많이 읽은 덕분입니다. 이들 중 대부분은 단 하루도 책을 읽지 않고 넘어간 날이 없습니다. 그만큼 책과 가까이했기 때문에 그와 같은 지식을 지닐 수 있는 것입니다. 조카 친구들 중에 한 친구가 이렇게 말했습니다.

"책을 많이 읽지 않고도 똑똑한 친구가 있는 걸요."

"그 친구는 다른 친구들이 풀지 못하는 수학 문제도 척척 풀어요."

물론 이런 아이도 있습니다. 평소 책을 잘 보지 않지만 다른 친구들이 못 푸는 문제들을 척척 풀어냅니다. 하지만 이런 친구를 책을 많이 읽는 친구와 비교했을 때 한계가 있습니다. 이런 친구는 높은 집중력 덕분에 학교에서 배운 문제들은 쉽게 푸는 것입니다.

그러나 학교에서 배우지 못한 그 외의 지식에는 꿀 먹은 벙어리가 되고 말지요. 특히 시사나 상식과 같은 지식은 학교에서 배우지 않기 때문입니다. 이 같은 지식들은 다양한 책을 통해 스스로 배워야 합니다.

여러분, 아이가 그저 공부만 잘하는 답답한 공부벌레가 되길 원합니까? 아니면 공부도 잘하는 똑똑한 책벌레가 되길 원합니까? 공부벌레가 무조건 암기하는 스타일이라면 책벌레는 책을 통해 스스로 이해하는 스타일이랍니다. 어떤 아이가 인생을 더 지혜롭게 살아갈까요?

PART 4
책은 지혜가 가득한
보물창고

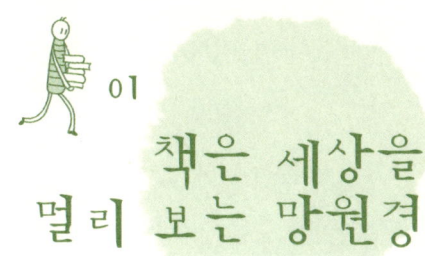

01 책은 세상을 멀리 보는 망원경

"책이 없다면 신도 침묵을 지키고, 정의는 잠자며,
자연과학은 정지되고, 철학도 문학도 말이 없을 것이다."
— 토마스 바트린

성공한 사람들에게는 그들만의 성공비결이 있습니다. 그것은 바로 세상을 멀리 보는 시야라고 할 수 있습니다. 세상을 멀리 보았기 때문에 많은 기회들을 발견할 수 있었던 것입니다.

이와 반대로 시야가 좁은 사람은 한치 앞밖에 생각하지 못합니다. 작은 이익 때문에 커다란 이익을 놓치기도 하지요. 이런 일들이 쌓여 인생의 성공으로부터 점차 멀어지게 되는 것입니다.

두 사람의 수행자가 길을 걷고 있었습니다. 그들 중 한 사람이 다리가 아파 뒤처지게 되었습니다. 잠시 쉰 그는 앞서 간 수행자를 부지런히 뒤좇았습니다. 하지만 잠시 후 갈림길이 나오자 어디로 가야 할지 난감했습니다.

그때 오른쪽 길에서 한 소년이 걸어오고 있었습니다.

수행자는 소년에게 물었습니다.

"얘야, 나처럼 행색이 초라한 사람이 지나가는 것을 보지 못했니?"

"혹시 그분은 뚱뚱하고 한쪽 다리를 절지 않나요? 그리고 한쪽 눈이 보이지 않는 낙타를 타고 계시지요?"

수행자는 기뻐하며 다시 물었습니다.

"맞단다! 어디로 갔는지 아느냐?"

소년은 고개를 흔들며 말했습니다.

"그건 저도 잘 몰라요. 저는 그분을 만난 적이 없거든요."

소년의 말에 수행자는 화가 났습니다.

"이놈아, 지금 어른을 갖고 놀리는 거냐?"

"저는 그분을 봤다고 말하지 않았어요."

"아니, 그러면 그 사람을 보지도 않고 어떻게 잘 알지?"

소년은 땅바닥을 손으로 가리키며 말했습니다.

"저는 그분이 여기에 남긴 흔적들을 보고 추측한 것뿐이에요."

소년이 이어서 설명을 시작했습니다.

"여기 발자국을 보세요. 왼쪽 발자국이 오른쪽 발자국보다 더 깊고 크잖아요. 그건 그분이 다리를 절기 때문이고요. 그리고 이 발자국은 보통 사람 발자국보다 더 깊잖아요. 그건 그분이 다른 사람보다 체중이 무겁기 때문이죠. 또 낙타가 오른쪽 풀만 뜯어먹은 걸 보고 한쪽 눈이 멀었다는 걸 알 수 있었어요."

소년의 이야기가 끝나자 수행자는 그 자리에 풀썩 주저앉고 말았습니다.

"그동안의 내 수행이 모두 허사였구나. 고맙다 얘야, 이제야 삶의 진리가 하나씩 보이는구나."

'책 속에 길이 있으며, 책 속에 소중한 보물이 숨겨져 있다.'

책 속에는 지식과 지혜가 가득 담겨져 있습니다. 세상을 넓게 보고 올바르게 이해하는 눈을 가질 수 있답니다.

여러분, 책을 읽지 않는 사람은 한쪽 눈이 보이지 않는 낙타에 비유할 수 있습니다. 넓은 시야를 가질 수 없기 때문에 한쪽의 풀밖에 뜯지 못합니다. 풍성한 풀밭을 보지 못하고 지나치게 됩니다. 인생도 마찬가지랍니다. 세상을 넓게 바라볼 때 보다 성공적인 인생을 살 수 있습니다.

02 실수는 교훈을 감추고 있다

"가장 도움이 되는 책이란 많이 생각하게 하는 책이다."
— 데오도르 파카

우리는 종종 실수를 저지르며 살아갑니다. 때로 자신이 저지른 실수 때문에 타인에게 돌이킬 수 없는 아픔을 주기도 합니다. 또 평생 잊지 못할 상처로 남기도 합니다.

'그때 사람들의 의견을 들었더라면 아마 잘 되었을 텐데…'

'내가 왜 그랬을까? 조금만 더 신중했다면 그런 실수는 없었을 텐데…'

대부분의 사람들은 자기 실수에는 관대하지만 다른 사람의 실수에는 냉혹합니다. 감싸안아주기보다 비난하거나 상처 주는 말을 하기 십상입니다. 하지만 실수를 하지 않는 사람은 없습니다. 다만 한 번 했던 실수를 반복하지 않는 사람은 있지요.

유명한 과학자이자 미국 건국에 이바지한 정치가 벤자민 프랭클린. 그는 1729년 〈펜실베니아 가제트〉라는 신문을 발행했습니다. 얼마 지나지 않아 당시 제일 많은 발행 부수를 자랑하는 신문으로 성장했습니다. 이후 그는 잡지를 창간하는 등 출판업에 뛰어들었습니다. 1732년에는 《가난한 리처드의 달력》이라는 격언집을 만들었습니다.

어느 날 한 사람이 격언집을 사기 위해 그에게 찾아왔습니다.
"《가난한 리처드의 달력》이 얼마입니까?"
"예, 1달러입니다."
"뭐라구요, 1달러면 비싸지 않나요? 조금 깎아주실 수 없습니까?"
그러자 프랭클린은 아주 단호한 목소리로 말했습니다.
"1달러 50센트는 주셔야 겠습니다. 그 이하를 원하시면 팔 수 없어요."
"아니, 지금 장난하는 거요? 방금 전에는 1달러라고 하지 않았소."
"맞아요, 분명히 1달러라고 했지요. 하지만 손님 여기를 보십시오. 여기에 '시간은 금이다' 라고 적혀 있지요."
프랭클린은 《가난한 리처드의 달력》의 한 면을 들춰 보이며 말했습니다.
"아니, 도대체 그것이 어쨌다는 것이오?"
"이 격언처럼 제게 시간은 금입니다. 그런데 손님은 흥정으로

제 귀중한 시간을 빼앗고 말았어요. 그러니 마땅히 제 시간의 대가를 받아야지요."

프랭클린의 말에 손님은 아무런 말도 못하고 1달러 50센트를 지불했습니다. 이처럼 프랭클린은 시간의 소중함을 너무나 잘 알고 있었습니다. 그는 평생 남들보다 많은 일을 할 수 있었습니다.

위의 이야기를 통해 시간의 소중함을 배울 수 있습니다. 뿐만 아니라 다른 사람의 시간을 빼앗는 것은 돈보다 더 소중한 것을 빼앗는다는 것을 깨달을 수 있습니다. 이처럼 책 속에 담겨 있는 이야기를 통해 보석 같은 교훈을 얻게 됩니다.

책 속에는 그 책을 쓴 지은이의 실수담이 담겨 있습니다. 책을 읽음으로써 지은이의 실수에서 교훈을 배울 수 있습니다.

'나는 저런 실수는 하지 말아야지'

'나는 옳지 않은 일은 절대로 하지 않을 거야'

그리하여 자기만의 가치관을 정립하게 됩니다. 이 때문에 책은 올바른 인생을 살게 도와주는 '등대'라고 하는 것이지요.

가이바라 에끼껭은 이렇게 말했습니다.

"널리 배우는 방법이 많지만, 독서하는 것만큼 좋은 것은 없다."

인간이 지상에서 만들어낸 것 중에서 가장 소중하고 가치 있는 것은 책입니다. 따라서 책을 가까이하는 사람은 세상에서 가장 소중하고 가치 있는 사람이 됩니다.

　나는 여러분이 가장 사랑하는 아이가 책과 조금씩 가까워지기를 바랍니다. 그리하여 세상에서 가장 소중한 가치를 발견했으면 좋겠습니다.

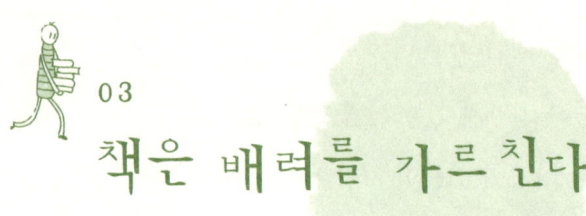

03
책은 배려를 가르친다

"책을 가볍게 생각해서는 안 된다.
지금까지의 세계 전체가 결국은 책으로 지배되어 왔기 때문이다."
— 볼테르

사람의 마음을 얻는 힘은 배려에서 나옵니다. 내가 먼저 상대에게 관심을 가지고 위할 때 상대 역시 나에게 마음을 쏟습니다.

'남에게 대접을 받고자 하는 대로 너희도 남을 대접하라.'

꿈이 있는 사람은 타인을 배려하는 마음을 잊어서는 안 됩니다. 꿈은 혼자만의 힘으로 절대 이룰 수 없습니다. 다른 사람들의 도움과 협조가 있을 때 비로소 이룰 수 있습니다.

한 가난한 청년이 학비를 벌기 위해 집집마다 돌아다니며 물건을 팔고 있었습니다. 그는 하루 종일 걸었던 탓에 지치고 몹시도

배가 고팠습니다. 그는 하는 수 없이 먹을 것을 구걸할 마음으로 어느 집 문 앞으로 갔습니다.

노크를 하자 잠시 후 어린 소녀가 나왔습니다.

"얘야, 물을 좀 줄 수 있겠니?"

청년은 먹을 것을 달라는 말을 못하고 단지 한 모금의 물만 청했습니다. 그 소녀는 청년이 매우 굶주려 있음을 알아차렸습니다. 소녀는 빵과 우유를 그에게 건넸습니다.

"정말 고맙구나. 다음에 기회가 된다면 꼭 보답할게."

청년이 감사의 인사를 전하자 소녀가 말했습니다.

"보답이라니요? 저의 어머니께서 선한 일을 한 후에는 아무것도 바라지 말라고 하셨어요."

청년은 소녀의 따뜻한 마음 때문에 온몸에서 힘이 솟아나는 것 같았습니다. 힘이 들고 어려워 학교를 자퇴하려고 생각했으나 마음을 고쳐먹었습니다.

어느덧 10년이라는 세월이 흘렀습니다. 불행하게도 그 마음씨 고운 소녀는 불치의 병에 걸리고 말았습니다. 소녀에서 숙녀로 성장한 여성은 큰 도시의 유명한 병원으로 옮겨 치료를 받게 되었습니다. 그때 '하워드 킬'이라는 명성 높은 의사가 이 여성을 치료하기 위해 의료진에 합류하게 되었습니다. 그가 바로 가난한 청년이었습니다.

그는 진료기록을 보고 그녀의 병실을 찾아갔습니다. 그는 침대에 누워 있는 여성이 오래 전에 빵과 우유를 건네준 은인임을 한눈에 알아보았습니다. 그날부터 그는 특별한 정성으로 환자를 돌보았습니다. 그러자 차츰 여성의 불치병도 치료되기 시작했습니다.

그는 여성의 병원비 청구서를 자신의 방으로 가져오라고 지시했습니다. 그리고 내역서 한 귀퉁이에 몇 글자를 적었습니다. 여성의 가족은 수술비와 입원비를 마련하기 위해 집안의 모든 재산을 팔아야 하는 형편이었습니다.

병원비 한 귀퉁이에는 이렇게 쓰여 있었습니다.

"병원비 : 우유 한 컵, 닥터 하워드 킬."

배려는 사람과 사람을 이어주는 다리와 같습니다. 그래서 배려하는 마음을 가진 사람은 어떤 사람을 만나더라도 쉽게 친구가 될 수 있습니다. 배려가 상대를 내 편으로 끌어당기는 자석과 같기 때문이지요.

여러분, 아이에게 책을 통해 배려를 선물해 보세요. 배려는 상대를 위하는 따뜻한 마음 한 조각이면 누구나 할 수 있습니다. 결코 어려운 것이 아닙니다. 따뜻한 말 한마디를 건네는 것, 어려울 때 외면하지 않는 것, 내가 가진 것을 아낌없이 나누어주는 것이 바로 배려이기 때문입니다.

　책 속에는 무궁무진한 삶의 지혜가 담겨 있습니다. 여러 사람들의 이야기를 통해 자연스럽게 생각의 폭을 넓혀 바르게 살고자 하는 마음을 키울 수 있습니다. 책은 자연스레 이야기를 통해 스스로 느끼게 해주기 때문입니다.

04 위인들을 통해 가르쳐라

"생명을 지니고 태어난 책이 있다. 어떤 책이든지 읽는 이에게
생명을 불어넣을 수 있는 정신의 불꽃이 불붙기까지는 그 책은 사물에 불과하다."
— H. 밀러

　책 속에는 다양한 위인들의 일화가 실려 있습니다. 따라서 책을 읽으면 위인들의 삶을 엿볼 수 있습니다. 삶을 대하는 위인들의 모습을 통해 자기 자신의 그릇된 모습을 반성하고 돌아보게 됩니다.

　어느 날 제자들이 아인슈타인에게 물었습니다.
　"선생님, 선생님의 그 많은 학문과 전문적인 지식은 어디에서 나옵니까?"
　아인슈타인은 이렇게 대답했습니다.

"나의 학문은 바다에 비유하다면 이 한 방울의 물에 지나지 않는다네."

아인슈타인은 상대성 이론의 발견이라는 크나큰 업적을 남겼음에도 불구하고 대자연 앞에서 자신의 존재가 미약하다는 것을 인정한 겸손한 사람이었습니다. 아이들은 이런 일화를 통해 겸손에 대해 깨닫게 됩니다.

워싱턴이 미국의 수도로 결정되고 얼마 지나지 않았을 때의 일입니다.

수도라고는 하지만 아직 도시 정비가 제대로 되지 않아 집들은 목조 건물이 대부분이었습니다. 게다가 워싱턴 거리는 비만 오면 온통 진흙탕 길이 되곤 했습니다. 때문에 비가 오는 날이면 사람들은 진흙탕 길 위에 한 사람이 겨우 지나갈 수 있을 정도의 좁은 널빤지를 깔아 놓고 흙탕물이 튈까 봐 조심조심 길을 건너야 했습니다.

어느 날, 하원 의원이었던 버지니아의 존 란돌프와 켄터키의 헨리 그레이가 진흙탕 길의 좁은 널빤지 위에서 마주쳤습니다. 한 사람이 진흙탕 속으로 내려서서 길을 비키지 않으면 안 되는 상황이었습니다. 그러나 평소 서로 라이벌 의식을 갖고 있었던 둘은 얼굴이 굳어진 채 서로 상대편이 먼저 비켜주기를 기다리고 서 있었습니다.

성미가 급하고 남을 이해하는 마음이 부족했던 란돌프는 전부터 예의 바르고 깍듯한 그레이가 잘난 척한다 싶어 몹시 싫어했습니다. 그는 좁은 길에서 마주친 그레이에게 길을 비켜주고 싶은 마음이 생기지 않아 한 걸음도 양보하지 않으려 했습니다.

잠시 후 란돌프는 목소리를 낮게 깔고 은근히 비꼬듯 말했습니다.

"나는 악당에게는 길을 비키지 않습니다."

그러자 그레이가 품위 있는 모습으로 공손히 인사하면서 이렇게 대답했습니다.

"나는 언제나 악당에게는 길을 비켜줍니다."

아무렇지도 않게 흙탕물 속으로 발을 내딛는 그레이의 모습을 물끄러미 쳐다보면서 란돌프는 얼굴을 붉혔습니다.

'책 속에 길이 있다'는 말이 있습니다.

어떻게 사는 것이 진정 올바른 길인지, 인간관계는 어떻게 맺어야 하는지, 위기가 닥쳤을 때는 어떻게 대처해야 하는지….

모든 것들이 책 속에 담겨 있습니다. 이미 앞서 삶을 살았고 자신과 비슷한 상황을 겪은 위인들의 모습에서 해답을 찾을 수 있기 때문입니다. 그래서인지 성공한 사람들 가운데 책을 통해 위인들과 가까이했던 사람들이 많습니다.

'책 속에 살아 있는 위인들을 통해 삶을 가르쳐라'

위인들의 철학과 생활모습이 담긴 책을 본다는 것, 인생참고서를 보는 것과 같습니다. 그 속에 삶을 가장 현명하고 지혜롭게 사는 비결이 깃들어 있기 때문입니다.

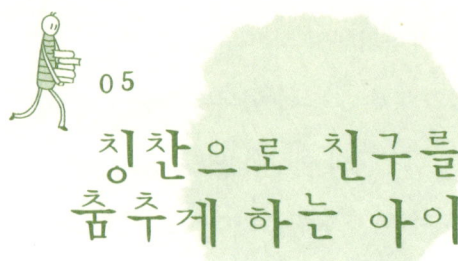
05 칭찬으로 친구를 춤추게 하는 아이

"무엇이거나 좋으니 책을 사라.
사서 방에 쌓아 두면 독서의 분위기가 만들어진다.
외면적인 것이나 이것이 중요하다."
— 베네트

"칭찬은 고래도 춤추게 한다."

잠재력을 깨우는 '칭찬과 격려'는 무게가 3톤이 넘는 범고래에게도 해당됩니다. 세계적으로 유명한 리더십 전문가인 켄 블랜차드는 자신의 저서 《칭찬은 고래도 춤추게 한다》에서 칭찬의 힘에 대해 말하고 있습니다. 그 책에 보면 '바다의 난폭자'라 불리는 범고래들조차도 칭찬으로 훈련시키면 동물원에서 멋진 묘기를 선보이게 된다는 것입니다. 아무리 사나운 동물일지라도 칭찬 앞에서는 온순해진다는 것을 알 수 있습니다.

마크 트웨인은 "칭찬 한마디를 듣는 것으로 나는 두 달을 행복하게 살 수 있다"라고 말했습니다. 사람들 가운데 칭찬을 싫어하는 사람은 없습니다.

"정말 대단해. 너보다 더 잘하는 사람은 없을 거야."

"네가 내 친구라는 게 자랑스러워."

"우리 팀에는 너밖에 없다."

이와 같은 말을 들으면 마음이 기쁘고 뿌듯해집니다. 이런 마음은 더욱더 노력하도록 의욕을 고취시킵니다.

잭 웰치 전 GE 회장은 어린 시절 심한 말더듬이어서 놀림감이 되곤 했습니다. 그래서 그는 친구들과 잘 어울리지 못한 채 혼자 있는 시간이 많았습니다. 그런 그에게 어머니는 이렇게 격려해 주었습니다.

"애야, 네가 말을 더듬는 이유는 생각의 속도가 너무 빨라서 입이 그 속도를 따라주지 못하기 때문이란다. 걱정 말아라. 넌 잘하고 있단다. 너는 커서 분명 큰 인물이 될 거야."

그는 어머니의 끊임없는 칭찬과 격려대로 세계적인 경영신화를 이룰 수 있었습니다.

칭찬은 마음속에 깃들어 있는 자신감과 용기를 이끌어내 줍니다. 또한 그것을 최대로 발휘하게 만드는 힘을 갖고 있습니다. 특히 자녀들에 대한 부모의 진심어린 사랑과 칭찬은 장차 그들이 꿈을 이루는 데 큰 에너지가 됩니다. 뜻하지 않게 어려운 일이 닥치더라도 포기하지 않고 슬기롭게 헤쳐나갈 수 있게 해줍니다.

동수는 평소 칭찬하는 능력이 부족합니다. 특히 그는 친구들의 장점보다 단점을 찾아내는 데 실력 발휘를 하지요.

"넌 어떻게 네 생각만 하니?"

"넌 키가 작아서 농구하고는 거리가 멀겠다."

이런 말을 듣는 친구들은 몹시 기분이 상합니다. 그래서 가급적이면 동수와는 거리를 두려고 하지요. 시간이 지나면서 동수는 친구들이 하나 둘 자신과 거리를 둔다는 것을 느끼게 되었습니다.

어느 날 동수는 책을 읽던 중 칭찬에 관한 일화를 보게 되었습니다.

아담슨은 아주 까다롭기로 유명한 어느 빌딩의 주인에게 의자 주문을 받으러 가게 되었습니다. 그러자 주위 사람들은 그에게 그 주인은 5분 안에 말을 끝내지 않으면 쫓겨나게 될 것이라며 충고했습니다.

아담슨은 주인이 있는 사무실에 들어가 주위를 둘러보며 감탄을 하며 말했습니다.

"이곳처럼 훌륭하게 꾸민 사무실은 본 적이 없습니다."

그러자 까다롭기로 유명한 주인은 기뻐했습니다. 사무실 안에 있는 가구들에 대해 설명까지 해주었습니다. 게다가 그는 주인으로부터 후한 식사대접까지 받았습니다.

　이야기를 읽고 난 동수는 그동안 자신의 모습에 대해 생각해 보았습니다. 그러자 자신이 친구들에 대한 칭찬에 너무도 인색했다는 것을 깨달았습니다. 그 후로 동수의 모습은 몰라보게 달라졌습니다.

　음식을 편식해선 안 되듯이 책도 골고루 읽어야 합니다. 그리할 때 다양한 지식과 경험 그리고 교훈을 얻을 수 있기 때문입니다. 이는 인생의 종합선물세트와 같습니다.

　그러나 가장 중요한 것은 책 속에 숨어 있는 다양한 교훈들을 자기 것으로 만들어야 한다는 것입니다. 책 속의 교훈을 자기 것으로 만들 때 인생을 살아가는 데 힘이 되어주고 길라잡이가 되어줄 것이기 때문입니다.

06 거실을 도서관으로 꾸미자

"마음속의 아름다움이란 그대의 지갑에서 황금을 끄집어내는 것보다는
그대의 서재에 책을 채우는 일이다."
―존 릴리

효진이는 평소 책을 읽지 않는 편입니다. 여느 친구들과 마찬가지로 텔레비전이나 게임에 익숙하답니다. 이런 효진이를 보며 부모님은 하루에도 몇 번씩 "책 읽어라"며 잔소리를 하지요. 효진이는 부모님이 잔소리를 할 때만 책을 보는 척할 뿐입니다.

'어떻게 해야 우리 효진이가 책과 친해질 수 있을까?'

'책 보라는 잔소리를 하지 않고도 효진이가 책을 읽도록 할 수 있는 방법은 없을까?'

부모님은 효진이가 책과 친해지도록 하기 위해 고민했습니다. 그러다 텔레비전에서 탤런트 차인표·신애라 부부가 거실을 책장으로 꾸몄다는 인터뷰를 보게 되었습니다.

'맞아, 거실에 텔레비전 대신 책이 있다면 자연스레 책을 볼지도 몰라.'

부모님은 곧장 텔레비전을 치우고 책장을 놓았습니다. 그리고 효진이가 꼭 읽어야 할 책들을 구입했습니다. 그러자 순식간에 거실은 도서관으로 변했습니다. 학교에서 돌아온 효진이는 깜짝 놀랐습니다. 하지만 시간이 지나면서 효진은 도서관으로 변한 거실이 너무도 마음에 들었습니다.

"우와, 정말 좋아요!"

"마치 학교 도서관에 온 것 같아요!"

이제 효진이는 누구보다 책을 즐겨 읽는 아이가 되었습니다. 그리고 만화책은 조금만 읽는 대신 위인전과 전래동화 등을 주로 읽습니다. 이런 효진이의 모습을 보는 부모님은 세상에서 가장 행복합니다.

여러분의 집 거실은 어떻습니까? 아직도 텔레비전이나 컴퓨터가 있나요? 이런 환경은 아이에게 텔레비전을 보고 게임을 하라고 허락하는 것과 같습니다. 아이가 틈만 나면 만화나 드라마를 보거나 컴퓨터 게임을 하는 것은 매일 이런 환경에 노출되기 때문입니다. 게임과 텔레비전은 중독성이 강하기 때문에 아이 스스로 자제하기가 힘이 듭니다.

지금 당장 텔레비전과 컴퓨터를 치우고 책장을 놓아 보세요.

큰돈 들이지 않고도 멋있는 도서관을 꾸밀 수 있습니다. 아이가 게임과 텔레비전에 시간을 빼앗기는 만큼 꿈과 미래도 멀어진다는 것을 기억해야 합니다.

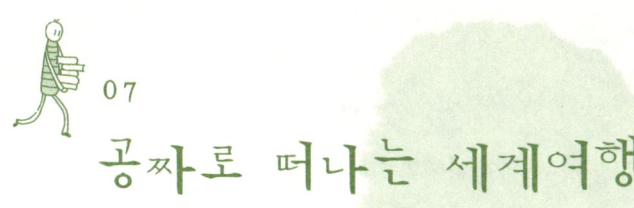

07 공짜로 떠나는 세계여행

"책이 없는 백만장자가 되느니보다 차라리
책과 더불어 살 수 있는 거지가 되는 것이 한결 낫다."
— 마콜리

"너 일본 가봤니?"

"일본 어떤 지역 말이야?"

"음…. 도쿄."

"도쿄는 정치·산업·경제·사회·문화·정보의 중심지라고 할 수 있어. 그리고 일본의 수도이기도 해."

"우와! 대단한데…."

"근데 도쿄 물가가 장난이 아니야. 라면 한 그릇에 칠팔천 원 하거든."

"너 언제 도쿄 가봤니? 부럽다."

"아니, 책에서 읽었어."

"뭐?"

책이 주는 즐거움은 헤아릴 수 없이 많습니다. 그 가운데 하나로 공짜로 세계여행을 할 수 있다는 것을 꼽을 수 있습니다. 위의 일화에서 보듯이 굳이 비행기를 타고 일본으로 가지 않아도 도쿄에 대해 알 수 있지요. 도쿄는 어떤 도시이고 인구는 얼마인지, 물가는 어떤지…. 여행을 준비하는 사람들은 반드시 여행책자를 통해 미리 여행할 나라의 지식을 얻습니다. 그래야 제대로 된 여행을 즐길 수 있기 때문이지요.

진희의 꿈은 훗날 세계여행을 하는 것입니다. 그래서 틈틈이 세계지도를 보거나 다른 나라의 특색이 담겨 있는 여행관련 책을 읽습니다. 이런 덕분에 진희는 캐나다, 스위스, 핀란드, 미국, 폴란드, 러시아, 일본, 대만, 중국 등 60여 개국에 대해 자세히 알고 있습니다.

친구들은 종종 진희에게 이렇게 묻습니다.

"진희야, 너 혹시 이탈리아의 수도가 어딘지 아니?"

"로마야."

"하나만 더 물어볼게. 로마에 유명한 건축물로 어떤 걸 들 수 있을까?"

"음…. 콜로세움을 꼽을 수 있어. 콜로세움은 영원한 도시 로마를 상징하는 건축물이거든."

월드비전의 국제구호팀장으로 활동하고 있는 한비야.

그녀는 베스트셀러 《지구 밖으로 행군하라》의 저자이기도 합니다. 이 책에 보면 그녀가 구호의 현장에서 했던 이야기들이 생생하게 담겨 있습니다. 그녀의 어릴 적은 꿈은 '걸어서 세계 일주'였습니다. 그 꿈을 실현하기 위해 안정된 직장에 과감히 사표를 던지고 7년간 세계 곳곳의 오지를 누비기도 했습니다. 그녀는 틈틈이 책을 읽으며 자신이 가고자 하는 나라에 대해 간접체험하며 공부했습니다. 오늘날 그녀가 국제구호팀장으로 있기까지 그녀에게 책은 인생의 북극성과 같았습니다.

앞으로 여러분의 아이들은 세계를 무대로 활동해야 합니다. 우리나라에서 활동한다면 그만큼 세상을 보는 시야가 좁을 수밖에 없습니다. 세계무대에서 자기 분야를 개척하기 위해선 먼저 세계에 대해 미리 공부해야 합니다. 지금부터라도 아이가 조금씩 책을 통해 세계와 친숙해지도록 이끌어야 합니다. 훗날 사랑하는 여러분의 아이는 세계무대의 주인공이 될 것이기 때문입니다.

08
책은 유쾌통쾌상쾌 종합비타민

"독서는 단순히 지식의 재료를 공급할 뿐
그것을 자신의 것으로 만드는 것은 사고의 힘이다."
— 존 로크

"저는 책이 좋아요. 책을 읽으면 지식이 많아지고, 논리적이어서 공부에 도움이 되거든요."

전남 목포 북교초등학교 4학년 전대원 군.

전대원 군은 최근 전남도교육청 2006년 독서왕으로 뽑혔습니다. 전대원 군의 하루 독서시간은 3~4시간으로 한 달에 평균 60권 가량 책을 읽습니다. 쉬는 시간과 방과 후 귀가해서도 독서에 매달려 학교 내에서 '독서의 달인' 으로 불립니다.

전 군이 주로 읽는 책은 동화, 위인전, 과학, 수학 관련 책들입니다. 지금까지 읽은 책 중 가장 기억에 남는 책으로는 이순신 장군 위인전을 꼽았습니다.

"호남에서 거북선을 만들어 수많은 왜선을 무찔러 패망 위기에 빠진 조선을 구하고 장렬히 사망한 영웅이기 때문입니다."

전 군이 책을 처음 읽게 된 것은 네 살 때였습니다. 아버지가 도서대여점을 해서 자연스럽게 책을 접할 수 있었습니다. 이처럼 책을 가까이하는 습관은 고스란히 글짓기의 자양분이 되었습니다. 지금까지 전국 글짓기 대회에서 장관상 5회, 전남도지사상 7회, 전남교육감상 19회 등 모두 380여 회나 상을 받았습니다. 그리고 지난해에는 어린 나이에도 불구하고 목포 시민상 후보로 추천되기도 했습니다.

전 군의 학업성적은 반에서 1, 2등을 다툴 정도로 최상위권에 속합니다. 전 군을 보며 담임선생님은 이렇게 말합니다.

"대원이는 말수가 적지만 수업시간 발표할 때 보면 박학다식하고 논리적이에요."

올해는 영어동화 읽기에 도전할 생각입니다. 그 이유를 전 군은 이렇게 말합니다.

"외국서적을 읽어야 시야도 넓어지고, 다방면의 지식을 쌓는 데 도움이 될 것 같기 때문입니다."

전대원 군이 또래 친구들보다 성적이 좋고 글짓기를 잘하는 것은 책을 가까이했기 때문입니다. 또한 전 군은 그동안 읽은 책

덕분에 머릿속에 많은 지식을 가지고 있습니다. 책은 다른 친구들에 비해 논리적이고 박학다식할 수 있도록 자양분이 되어준 것입니다.

성공한 사람들은 하나같이 책벌레들입니다. 그들은 다른 사람들에 비해 지식이 많았습니다. 그래서 어떤 상황에서든 지혜롭고 현명한 판단을 내릴 수 있었던 것입니다.

스마일즈는 다음과 같이 말했습니다.

"사람의 품격을 그가 읽는 책으로서 판단할 수 있는 것은 마치 그가 교제하는 벗으로 판단되는 것과 같다."

벤자민 프랭클린은 역시 이렇게 말했습니다.

"독서는 정신적으로 충실한 사람을 만든다. 사색은 사려 깊은 사람을 만든다. 그리고 논술은 확실한 사람을 만든다."

아이에게 책을 읽혀야 하는 이유는 수없이 많습니다. 그 중에서 가장 간단한 답은 책을 가까이할 때 사려 깊고 논리적인 사람이 되기 때문이 아닐는지요. 또한 인생을 좀 더 지혜롭게 살 수 있기 때문이겠지요.

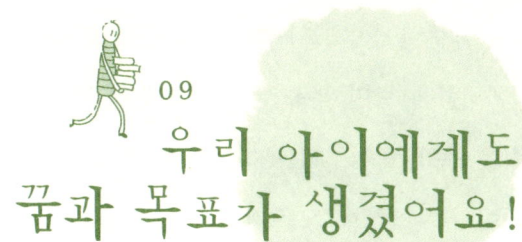

09 우리 아이에게도 꿈과 목표가 생겼어요!

"양서 목록에는 반드시 고전이 들어 있다.
그러나 자기에게 필요한 양서를 구별할 줄 알아야 한다. 사람이 자기의 독자성을
확립해야 하기 때문이다. 누구나 현대에 출판된 책을 꼭 읽어야 함은
자기가 그 속에 살고 있는 세계를 알아야 할 중요성에서다.
독서란 사람이 밥을 먹고 운동을 하는 것과 똑같은 것이라 할 수 있다."
— 밀러

"꿈이 뭐예요?"

"나는 하고 싶은 것은 많은데, 꿈은 모르겠어요."

꿈은 자신이 되고 싶고, 이루고 싶은 것입니다. 예를 들어 여러분이 박지성처럼 축구선수가 되고 싶다면 그것이 바로 꿈이라고 할 수 있습니다. 목표는 그 꿈보다 작은 것을 뜻합니다.

'이번 중간고사에선 평균점수를 10점 올려야지.'

'일주일에 반드시 세 권의 책을 읽어야지.'

어떻게 보면 목표는 사소하게 생각될 수도 있습니다. 하지만 작은 목표를 이루지 못하는 사람은 결코 꿈을 이룰 수 없습니다. 꿈이라는 정상에 오르기 위해선 수많은 목표라는 계단을 밟아야 하기 때문입니다.

아이들 중에 일찍 꿈을 찾은 친구도 있고 그렇지 않은 친구도 있습니다. 일찍 꿈을 발견한 친구는 정말 행복한 사람이라고 할 수 있습니다. 그만큼 자신의 꿈을 향해 나아갈 수 있기 때문입니다. 반면 아직 꿈을 깨닫지 못한 친구는 그만큼 시간을 허비하게 됩니다.

자기 분야에서 탁월한 성과를 자랑하는 사람들은 일찍부터 꿈을 찾은 사람들입니다. 그들은 위인전 등을 읽으며 인생의 꿈을 설정할 수 있었습니다.

'나도 슈바이처와 같은 훌륭한 의사가 되고 싶어.'
'워렌 버핏처럼 부자가 되어 사회에 많은 돈을 기부하고 싶어.'

따라서 지금 여러분의 아이가 꿈을 발견하지 못했다고 해서 고민할 필요는 없습니다. 천천히 많은 책을 읽으며 어느 순간 진정으로 자신이 원하는 꿈을 찾을 것이기 때문입니다.

루 홀츠는 20대 중반에 직장에서 해고를 당했습니다. 낙담한 그는 어느 날, '꿈을 종이에 쓰면 이루어진다' 라는 말을 듣게 되었습니다. 처음에 그는 지푸라기라도 잡는 심정으로 종이에다 꿈을 적어보았습니다.

'백악관 만찬에 초대받는 유명한 사람이 된다.'

'미국 최고의 축구팀 코치가 된다.'

훗날 루 홀츠는 만년 하위였던 노틀담 축구팀의 코치가 되었습니다. 그리고 이 팀을 2년 만에 최우수 팀으로 만들게 되었지요. 한마디로 일약 유명 인사가 된 것입니다. 그리하여 거짓말처럼 그는 백악관 만찬에도 초청받았습니다. 지금까지 루 홀츠는 20대 중반부터 적었던 107가지 꿈들 가운데 아흔다섯 개를 이루었다고 합니다.

'은반의 여왕' '피겨 요정' 김연아. '국민 여동생'이라는 애칭까지 갖게 된 김연아에게는 남다른 성공비결이 있습니다.

초등학교 1학년 때 김연아는 부모님과 함께 '알라딘'이라는 아이스 쇼를 관람했습니다. 그날 아이스 쇼를 보고 감동한 김연아는 자신도 열심히 스케이트를 타서 국가대표선수가 되겠다고 일기장에 적었습니다. 그리고 이 내용을 담임선생님께 편지로 보냈습니다. 편지를 받은 선생님은 그녀의 다짐이 너무 대견하게 느껴졌습니다. 그래서 담임선생님은 그녀의 집으로 '열심히 노력하면 반드시 꿈을 이룰 수 있다'는 격려의 가정통신문을 보냈습니다.

에셴바흐는 이렇게 말했습니다.

"그대의 꿈이 한 번도 실현되지 않았다고 해서 가엾게 생각해서는 안 된다. 정말 가엾은 것은 꿈을 꿔보지 않은 사람들이다."

무엇보다 중요한 것은 일찍 꿈을 찾느냐 그렇지 않느냐가 아닙니다. 그것은 자신의 꿈을 포기하지 않고 이루기 위해 얼마나 노력하느냐입니다. 꿈을 이룬 사람들은 아무리 힘든 일이 있어도 노력을 아끼지 않았던 사람들이기 때문입니다.

PART 5

답답한 공부벌레보다 똑똑한 책벌레로 키우자!

01 아이가 가장 받고 싶은 생일 선물, 책

"사색에 기술이 있는 것 같이 쓰는 데에도 기술이 있으며, 독서에도 기술이 있다."
― 디즈레일리

연희는 고민에 빠졌습니다. 이번 주 토요일이 가장 친한 효정이의 생일이기 때문입니다.

"어떤 선물을 해줄까?"

"인형을 사줄까? 아니면 머리핀?"

아무리 생각해도 마땅한 선물이 떠오르지 않았습니다. 그때 혼자 고민하고 있는 연희를 보며 언니가 물었습니다.

"무슨 고민을 그렇게 하니?"

"곧 효정이 생일인데, 마땅한 선물이 떠오르지 않아."

"걔, 혹시 책 읽는 거 좋아하니?"

PART 5 _ 답답한 공부벌레보다 똑똑한 책벌레로 키우자! **127**

"응, 좋아해. 쉬는 시간이랑 점심시간 때 책 읽는 거 종종 봤어."

"그렇다면 책 선물해 줘."

"책? 너무 평범한 것 아닐까?"

"아니야, 책 좋아하는 사람에게는 책보다 더 기쁜 선물은 없어."

연희는 효정이에게 예쁜 표지의 책을 선물했습니다. 하지만 내심 효정이가 실망스런 표정을 지으면 어쩌나 하는 생각도 들었습니다. 그러나 이런 생각은 눈 녹듯이 사라졌습니다. 책을 받아든 효정이의 얼굴이 개나리꽃처럼 활짝 피었기 때문입니다.

대부분 아이들은 친구의 생일이 다가오면 연희처럼 고민하게 됩니다. 친구가 무엇을 좋아하는지, 어떤 선물을 해야 할지 판단이 서지 않기 때문이지요. 막상 비싸고 좋은 것을 선물하고 싶어도 현실적으로 그럴 수 없습니다.

그럴 땐 아이에게 책을 선물하라고 조언해 주세요. 만 원이 조금 안되는 가격으로 친구가 좋아하는 장르의 책을 살 수 있습니다. 가격이 저렴하기 때문에 주는 사람과 받는 사람도 모두 부담이 없습니다. 무엇보다 중요한 것은 친구의 마음이 담긴 책을 언제까지나 간직할 수 있다는 것입니다.

"책 정말 고마워. 잘 읽을게."

"이 책 내가 읽고 싶었던 책인데, 정말 고마워."

"어머, 내가 책 좋아하는 거 어떻게 알았어?"

'친구의 생일, 책을 선물하자.'

책을 사랑하는 아이로 키워보세요. 친구의 생일 때 꼭 책을 선물하는 사랑스런 아이로 키워보세요. 친구가 좋아하는 책을 고르기 위해서 들인 시간과 노력은 그 무엇과도 비길 수 없다는 것을 알려주세요. 그리하여 친구에게 건네는 책 속에는 사랑과 정성이 듬뿍 담겨 있다는 것을.

02 아침독서 10분의 효과

"독서의 참다운 기쁨은 몇 차례고 그것을 다시 읽는 것이다."
― 로렌스

"책을 읽으니까 마음이 따스해지고 친구의 기분도 이해할 수 있게 되었어요. 그리고 친구들과 더욱 친하게 지낼 수 있게 되었습니다."
― 서울 ○○초 2학년 서민정

"나는 원래 책을 1년에 한 권도 안 읽었어요. 그래서 학교에서 아침독서 10분을 한다는 말에 짜증까지 났어요. 그런데 지금은 하루에 한 시간 조금 넘게 책을 읽곤 해요. 조금씩 책 읽는 시간을 늘리게 되니까 다양한 책을 읽을 수 있어서 좋아요."
― 포항 ○○초 5학년 최기철

"아침독서는 우리에게 시를 쓸 때 느낌이나 생각을 잘 표현할 수 있게 해주는 것 같아요. 특히 여러 가지 단어를 알게 됨으로써 글에 감정을 풍부하게 표현하는 데 도움이 돼요. 그리고 집중력이 향상되어 공부를 하는 데도 많은 도움이 됩니다."
— 울산 ○○초 4학년 고미영

최근 독서열풍이 불면서 아침독서를 꾸준히 실시하는 학교들이 많습니다. 아침독서를 하는 학교에서는 집단 따돌림 문제 등이 현저히 줄어드는 효과를 거두고 있습니다. 뿐만 아니라 학생들은 정서적으로 안정이 되어 수업시간에서의 집중력도 높아지게 마련입니다.

책을 읽으면 속에 담겨 있는 여러 이야기들을 통해 타인에 대한 이해심이 길러집니다. 따라서 몸이 불편한 장애우나 가난한 친구들의 입장에서 생각하게 되지요. 그래서 그들이 상처받지 않도록 세심한 배려를 잊지 않습니다.

내가 만난 아이들은 아침독서 10분을 시작하면서 책과 가까워졌다고 합니다. 책이 주는 재미를 알게 된 것입니다. 아이들은 쉬는 시간이나 점심시간 등 시간이 날 때마다 책을 보게 됩니다. 뿐만 아니라 자연스레 집에서도 책을 보는 시간이 늘면서 텔레비전을 보거나 게임하는 시간이 현저히 줄었습니다.

물론 아침독서운동을 하지 않는 학교도 있습니다. 그럴 땐 여러분이 아이가 수업시간 전에 잠깐 아침독서를 할 수 있도록 이끌어주세요.

초등학교에서 근무하는 친구가 말했습니다.

"처음에 아이들은 아침독서를 마지못해 했어. 그러다 차츰 짝꿍과 서로 책을 바꿔보면서 재미를 붙인 것 같아. 어떤 친구들은 서로 퀴즈를 내면서 물어보기도 해. 이런 과정을 통해 서로에 대해 좀 더 자세히 이해할 수 있는 계기가 된 것 같아."

그 친구는 이렇게 덧붙였습니다.

"아침독서를 하기 전보다 아이들의 발표 능력이나 이해력, 감상력, 분석력이 많이 늘었어. 말을 하는 데 있어서도 예전보다 표현력이 많이 향상되었고 의사표현도 아주 논리적이야. 처음 시작할 땐 반신반의 했는데 정말 놀라워."

아침독서는 수업을 준비하는 과정에 속합니다. 이는 운동선수가 본격적인 운동을 하기 전에 하는 스트레칭과 같습니다. 따라서 아침독서를 하는 아이는 그렇지 않은 아이에 비해 집중력이 높게 마련입니다.

"너, 혹시 이 책 읽었어?"

"아니, 아직."

"그래? 내가 빌려줄게. 읽어봐. 재밌어."

"고마워. 잘 읽을게."

수업 시간 전에 멍하니 앉아 있는 아이들이 있습니다. 그런 아이들에게 아침독서를 습관화시킨다면 좋은 점이 한두 가지가 아닙니다. 어려운 낱말도 척척 이해하게 되고 띄어쓰기의 달인이 됩니다. 그동안 모르는 단어들 때문에 책의 내용을 이해할 수 없었지만 이제는 남들에게 줄거리를 이야기해 줍니다. 그리고 자신의 생각을 글로 표현할 수 있어 다양한 표현을 할 수 있습니다.

여러분, 처음에는 책 한 권을 목표로 읽혀보세요. 그 다음에는 두 권, 세 권으로 목표를 늘려보세요. 책 한 권을 다 읽었을 때 자신도 모르게 큰 성취감을 느끼게 될 것입니다. 그리고 아이 스스로 자신이 대견스럽다는 생각도 들 것입니다.

03
드디어 성적이 올랐어요!

"어느 정도의 인생 경험을 쌓지 않고서는 책을 이해하지 못한다.
또는 어느 만큼 깊이가 있는 내용의 책이고 보면 적어도 그 내용의 일부를 보거나
경험하지 않고서는 이해하기 어렵다."
— E. L. 파운드

    윤태는 항상 반에서 일등을 도맡아 합니다. 성혜는 그런 윤태가 마냥 부럽기만 하지요. 왜냐하면 그동안 2등, 3등만 해봤을 뿐 일등은 한 번도 해보지 못했기 때문입니다.
    성혜는 용기를 내어 윤태에게 공부 잘하는 비결을 물어보기로 했습니다. 윤태는 책을 읽고 있었습니다.
    "윤태야, 지금 바쁘니?"
    "괜찮아, 무슨 일이야?"
    "딴 게 아니고, 너는 어떻게 공부하는지 궁금해서 말야. 넌 항상 일등만 하잖아."

"그냥 열심히 하는 거지 뭐…."

"야, 그러지 말고 나한테도 좀 알려줘."

"맨입으로?"

"좋아, 떡볶이 살게."

"음…. 나만의 공부 비결은 독서를 습관처럼 하는 거야. 매일 다양한 책을 읽는 거지."

"뭐? 그게 다야?"

성혜는 독서하는 것만으로 성적이 오를까 하는 의구심이 들었습니다. 하지만 밑져야 본전이라는 생각으로 꾸준히 독서를 해보았습니다. 그렇게 독서하는 습관을 들이자 책 읽는 시간이 가장 행복하게 느껴졌습니다.

예전에 이해가 잘 되지 않던 내용들도 쉽게 이해가 되었습니다. 독서 감상문을 써오라는 선생님의 숙제도 척척 해낼 수 있었습니다. 그리고 얼마 후 시험을 보게 되었습니다.

선생님이 큰 소리로 말씀하셨습니다.

"드디어 우리 반에 새로운 일등이 탄생했다!"

아이들은 호기심 어린 눈으로 선생님을 쳐다보았습니다.

"박성혜! 이번엔 성혜가 일등이다!"

책을 많이 읽으면 글의 중심 내용을 파악하는 힘이 길러집니다. 자연히 수업 내용에 대한 이해력도 향상되게 됩니다. 이해력의 향상은 성적 향상으로 이어지게 마련입니다. 그래서 부모들이 아이들에게 책을 많이 읽히는 이유가 여기에 있습니다.

독서가 몸에 배인 학생은 그렇지 않은 학생에 비해 상위권입니다. 독서는 공부를 하는 데 필요한 자산이 되고 기본 바탕이 되어 주기 때문입니다.

하위권에서 상위권으로 진입한 한 초등학생은 이렇게 말했습니다.

"전보다 책 읽는 속도도 빨라지고 책의 내용을 파악하거나 주제를 찾아내는 능력도 향상되었어요. 그래서 국어공부를 하는 데 많은 도움이 되고 있어요. 자연히 국어 성적도 예전보다 향상되어 공부에 자신감이 생겼어요."

여러분은 공부 잘하는 아이를 보며 부러워하지 않습니까?

'쟤들은 부모들이 어떤 과외를 시킬까?'

'뭐 특별한 비결이라도 있나 봐.'

마냥 이런 생각에만 머물러 있어선 안 됩니다. 이런 부모를 둔 아이는 절대 공부를 잘 할 수 없습니다. 사과를 먹고 싶다면 사과 나무를 심어야 합니다. 그렇듯이 공부를 잘하고 싶다면 그에 맞는 노력이 뒷받침되어야 합니다.

아이가 책 속에서 즐거움을 찾을 수 있어야 합니다. 책을 읽지 않고 공부를 잘하는 비결은 어디에도 없습니다. 독서를 생활화할 때 공부를 잘하게 도와주는 능력이 향상됩니다. 이해력 · 감상력 · 분석력 · 논리력이 높아야 자연히 공부도 잘하게 되기 때문입니다.

04
세상에서 가장 값진 보물, 지식과 지혜

"육체는 슬프다. 아아, 나는 만 권의 책을 읽지 못한다."
— 말라르메

혜수는 달력에 동그라미가 쳐져 있는 날짜를 보았습니다. 동그라미는 총 네 개로 매주 토요일마다 쳐져 있었습니다.

'서점가는 날.'

혜수는 부모님과 함께 서점에 갈 때면 가장 행복했습니다. 마치 누군가로부터 선물을 받은 것 마냥 가슴이 콩닥콩닥 뛰었습니다. 서점에 가면 새로운 책들을 구경할 수 있고 읽고 싶은 책을 살 수 있기 때문이지요.

오늘은 세 번째 토요일입니다. 혜수는 부모님과 함께 시내에 있는 대형서점으로 갔습니다. 자기 또래 아이들이 친구들 혹은 부모님과 함께 책을 고르고 있었습니다. 어떤 아이들은 진열대 아래에서 책을 읽느라 정신이 없었습니다. 혜수는 이런 광경을 보는 것만으로도 기분이 좋았습니다.

혜수는 서점을 운영하는 것이 꿈입니다. 그러면 마음대로 책을 읽을 수 있기 때문입니다.

다양한 코너를 둘러보았습니다. 그때 아빠가 말했습니다.

"우리 딸, 어떤 책 보고 싶어? 한번 골라보려무나."

"긍정적인 생각을 할 수 있는 어린이 자기계발서를 읽고 싶어요."

혜수는 부모님과 함께 자신이 읽고 싶은 책을 선택했습니다. 그리고 로마신화에 대한 책도 몇 권 구입했습니다.

"엄마는 연애소설이나 읽어야 겠구나."

"아빠 경영에 관한 책을 찜했어."

평소 책을 즐겨보시는 부모님도 소설과 경영에 관한 책을 구입했습니다. 그렇게 혜수는 부모님과 함께 서점을 나왔습니다. 책을 안고 집으로 돌아오는 혜수는 세상에서 가장 행복한 부자가 된 것 같았습니다.

나는 서점에서 책을 살 때 가장 행복합니다. 세상에는 나보다 더 성공한 사람과 부자인 사람, 똑똑한 사람과 잘 생긴 사람 그리고 멋있는 사람들도 많습니다.

그러나 책을 사서 양손 무겁게 들고 집으로 향할 때 내가 느끼는 자부심과 행복은 세상에서 단연 최고입니다. 또한 그 책을 천천히 읽어 내려갈 때 세상에서 가장 행복한 사람이 됩니다.

아마 여러분도 서점에서 책을 살 때 뿌듯한 마음을 느꼈을 것입니다. 그리고 그 책을 읽을 때 나처럼 행복한 마음도 들었을 테지요. 책을 다 읽고 난 후 책장에 꽂을 때 자기만의 성취감도 얻었을 것입니다.

이제는 이런 행복한 감정을 아이도 느낄 수 있게 해주어야 합니다. 아이가 이런 감정에 푹 빠지는 순간 책벌레가 되기 때문입니다. 아이에게 책을 살 때 보물도 함께 보너스로 얻는다는 것을 말해 주세요. 바로 지식과 지혜가 세상에서 가장 값진 보물이라는 것을.

05 도서관은 보물창고

"나는 1시간의 독서로 시들어지지 않는 그 어떤 슬픔도 경험하지 못했다."
— 몽테스키외

"현진아, 너 혹시 도스토예프스키의 《죄와 벌》이라는 책 읽었니?"

"응, 예전에 읽었는 걸."

"그래? 나도 읽고 싶은데, 책 좀 빌려줄래?"

"어떡하지? 도서관에서 빌려 읽었는데."

"그래?"

"난 자주 도서관에서 빌려서 읽어. 책을 사지 않아도 마음대로 읽을 수 있거든."

현진이는 도서관을 제대로 활용할 줄 아는 아이입니다. 그러나 대부분의 아이들은 도서관에 가는 것을 꺼려하지요. 낯선 분위기에 빽빽하게 꽂혀있는 책들, 그리고 거리가 멀다는 이유로 잘 활용하지 않습니다.

도서관을 자주 찾는 아이는 도서관처럼 좋은 곳도 없다는 것을 알고 있습니다. 외국문학·국내문학 그리고 장르별로 분류가 되어 있기 때문에 원하는 책을 쉽게 찾을 수 있기 때문입니다. 찾기가 힘들 때는 사서 선생님에게 부탁하면 되고요.

사서 선생님은 도서관이 낯선 아이들에게 이렇게 조언합니다.

"처음 도서관에 가는 아이들은 낯선 환경에 어색해 할 수도 있습니다. 그때는 친구들과 '책 찾기 게임'을 하는 것도 좋아요. 예를 들면 '이순신'이란 주제로 책을 찾게 한 뒤 '임진왜란' '왜군' 등 관련 내용을 연결시키면 됩니다. 게임을 싫어하는 아이들은 없습니다. 따라서 책 찾기 게임을 하다 보면 여러 개의 지식을 체득할 수 있게 되어 자신도 모르게 책과 친해지게 됩니다."

도서관은 어떻게 활용하느냐에 따라 보물창고가 될 수 있습니다. 평소 아이들이 궁금해 하는 것, 평소에 몰랐던 것 등 모두 책에 담겨 있습니다.

꿈꾸는 사람은 그 꿈을 이루기 위해 꾸준히 지식을 쌓아야 합니다. 훗날 그 지식이 성공으로 이어주는 징검다리가 되어주기 때문입니다. 도서관을 아이의 지식을 쌓는 공간으로 활용해 보세요. 공짜로 원하는 지식을 마음껏 얻을 수 있습니다.

책을 가까이하지 않는 아이들이 있습니다. 이런 아이들은 책을 그저 지루하고 딱딱하다고 여기는 탓에 거리를 느끼게 되는 것입니다. 그리하여 항상 책은 깨끗하게 봐야 한다는 강박관념을 가지고 있습니다.

"책에 밑줄을 긋거나 반으로 접으면 안 돼요."

"책에다 내 생각을 적고 싶은데, 부모님이 야단치세요."

책은 되도록 깨끗하게 읽는 것이 좋습니다. 하지만 중요한 내용에 일부러 밑줄을 긋거나 읽은 장을 표시하기 위해 접는 것은 괜찮습니다. 영 못마땅하다면 포스트잇을 붙이면 되지요. 책벌레들은 책을 읽다가 감명 깊게 읽은 부분이나 중요하다고 생각되는 부분에 밑줄을 치고 자기 생각을 적는답니다. 추후에 필요할 때 쉽게 찾을 수 있도록 하기 위해서입니다.

아이가 책을 장난감처럼 생각하는 것이 좋습니다. 책을 보다가 벤 채 잠도 자고, '레고' 처럼 쌓기 놀이도 하다 보면 어느새 책과 친해질 테니까요.

06
스스로 책을 읽어야 하는 이유를 깨닫게 하라!

"번역된 책이 있는데 원문으로 책을 읽으려는 것은
보스턴으로 가는데 찰스 강을 헤엄쳐서 건너가려는 것과 같다."
— 에머슨

'나는 왜 공부를 해야 할까?'
'왜 책을 읽어야 할까?'
'왜 꿈을 가져야 하는 걸까?'

무슨 일이든 깨달음이 중요합니다. 깨달음은 자신이 진정으로 그것을 해야만 하는 이유를 발견하는 것입니다. 누군가가 억지로 시키지 않아도 스스로 알아서 행동하게 하는 힘입니다.

박세리는 자신이 골프를 해야 하는 이유를 깨달았습니다. 이유가 명확해지자 '골프 여왕'이 될 수 있었습니다. 박지성 역시 자신이 축구를 해야 하는 이유를 깨달았기 때문에 '축구스타'가 될 수 있었습니다.

　책보다 텔레비전을 보거나 게임을 좋아하는 아이들이 있습니다. 이런 아이들은 책을 읽어야 하는 이유를 알지 못합니다. 만일 책을 읽어야 하는 이유, 즉 깨달음을 얻게 된다면 스스로 책을 읽게 될 것입니다.

　아래 글은 초등학교에 5학년에 재학중인 한 아이가 인터넷에 올린 글입니다. 여러분에게 조금이라도 도움이 되겠다는 생각에 올려봅니다.

　예전에 저는 책을 거의 읽지 않았다고 보아야 맞을 것입니다. 독서가 저에겐 별 흥밋거리가 되지 않았기 때문이지요. 하지만 이제 저는 책 읽는 것이 즐겁습니다.

　'왜 책을 읽어야 할까?'

　이 질문에 대한 답을 알았기 때문입니다. 책을 읽어야 하는 이유는 여러모로 참 많습니다. 대부분 사람들은 '모르는 지식을 알기 위해서' '희망과 용기를 가지기 위해서' '교훈을 얻을 수 있기 때문에…'

　하지만 저는 이런 점에서 책을 읽습니다. 먼저 소설은 영화나 만화 같은 것들을 떨쳐 버릴 수 있을 만큼 재미있습니다. 그리고 과학에 대하여 책을 읽었다면, 여러 사람들과 대화를 통하여 더 많은 것을 알 수 있습니다.

내가 생각하는 책을 읽어야 하는 이유는 다음과 같습니다.

첫 번째, 많은 지식을 얻을 수 있습니다. 지식은 쌓이면 쌓일수록 더욱 호기심이 늘어납니다.

두 번째, 많은 정보를 알 수 있습니다. 지금은 텔레비전 뉴스 같은 것으로 정보를 알 수 있습니다. 그러나 옛날처럼 텔레비전이 귀했던 시절에는 책을 통해 정보를 얻었을 것입니다.

세 번째, 많은 사람들과 대화가 가능합니다. 예를 들어 《돌턴이 들려주는 원자 이야기》라는 책을 읽었을 때에는 원자에 대해서 말할 수 있습니다. 《아인슈타인이 들려주는 상대성이론 이야기》라는 책을 읽었을 때에는 상대성이론에 대해서 말할 수 있습니다.

네 번째, 다양한 책을 읽은 후 그 지식을 바탕으로 나만의 책을 만들 수도 있습니다.

다섯 번째, 친구들과 책을 돌려가면서 더 많은 지식을 얻을 수도 있습니다.

여섯 번째, 상상력을 키울 수 있습니다. 책에는 무한한 상상력이 깃들어 있기 때문입니다.

일곱 번째, 많은 교훈을 얻을 수 있습니다. 책에는 우리가 살아가는 데 꼭 필요한 교훈이 들어 있습니다.

위의 학생처럼 여러분의 아이도 책을 읽어야 하는 이유를 찾게 끔 도와주세요. 처음에는 이유를 찾기 힘들겠지만 함께 고민하다 보면 그 이유를 발견할 수 있을 것입니다. 이유를 찾았다면 이유를 꿈과 연관 지어 생각해 보세요.

'책을 읽지 않으면 그만큼 꿈을 이루기가 힘이 들지 않을까?'
'성공한 사람들이 책을 가까이한 이유는 무엇일까?'

이런 생각을 하다 보면 머지않아 희소식이 전해질 것입니다. 바로 아이가 진정으로 책을 읽어야 하는 깨달음을 얻는 것입니다.

"엄마 아빠, 이제야 책을 읽어야 하는 그 이유를 찾았어요!"

07 답답한 공부벌레보다 똑똑한 책벌레가 좋아!

"얼굴이 잘생기고 못생긴 것은 운명 탓이나,
독서나 독서의 힘은 노력으로 갖추어질 수가 있다."
— 셰익스피어

　진태와 영수는 전교에서 1, 2등을 다투는 사이입니다. 그런데 두 친구 사이에 차이점이 있답니다. 그것은 진태는 공부만 잘하는 공부벌레이지만 영수는 공부도 잘하는 책벌레라는 것이지요. 또 진태는 늘 혼자이지만 영수의 주위에는 많은 친구들이 있습니다.
　그 이유가 무엇인지 한번 살펴볼까요.

➡ 진태 편
"진태야, 뭐 하나 물어보자."
"뭔데?"

"혹시 발해를 세운 사람이 누군지 아니?"

"발해? 잘 모르겠는데…."

"넌 공부도 잘하면서 그것도 모르니?"

"그러는 너도 모르잖아!"

➡ 영수 편

"영수야, 바쁘니?"

"아니, 왜?"

"혹시 발해를 세운 사람이 누군지 알고 있니?"

"대조영이잖아."

"대조영?"

"응. 고구려가 망한 뒤 대조영이 말갈족의 추장 걸사비우와 함께 유민들을 이끌고 발해를 세워. 229년 동안이나 이어져 오다가 안타깝게도 926년 1월에 기마병을 이끌고 침략한 요 태조의 침입을 받아 멸망했어."

"우와! 정말 대단하구나. 모르는 게 없어."

"책 보면 다 있는데 뭐. 궁금한 것 있으면 언제든지 물어봐."

주위에 공부만 잘하는 답답한 공부벌레들이 있습니다. 이런 친구들은 주로 학습과 관련된 책을 읽거나 교과서만 들여다봅니다.

때문에 다양한 지식을 얻지 못합니다.

　그러나 공부도 잘하면서 책을 좋아하는 책벌레들도 있습니다. 학습과 관련된 책뿐만 아니라 사회·과학·역사·언어·자기계발 등 다양한 책들을 읽습니다. 따라서 다양한 지식을 지니게 되는 것입니다.

　21세기 답답한 공부벌레들이 설 자리는 점점 줄어듭니다. 그 대신 창의성과 상상력이 풍부한 책벌레들의 무대는 넓어지게 됩니다.

　《해리포터》 시리즈를 쓴 영국의 작가 조앤 K. 롤링을 보세요.

　그녀는 일을 잘 못한다는 이유로 직장에서 쫓겨났습니다. 아기 분유를 살 돈마저 없어 고통스러운 날들을 보냈습니다. 하지만 그녀는 상상력을 발휘해 주인공 해리를 떠올려 《해리포터》 시리즈를 썼습니다. 그녀는 《해리포터》 시리즈의 성공으로 억만장자가 되었습니다. 뿐만 아니라 2000년에는 영국 여왕으로부터 작위를, 세인트 앤드류스 대학에서 명예박사학위를 받았습니다. 그리고 2001년 3월에는 버킹엄궁에서 찰스 왕세자로부터 대영제국훈장을 수여받았습니다.

　지금은 기발한 아이디어 하나만으로 누구나 성공할 수 있는 세상입니다. 물론 학교 공부도 중요합니다. 그러나 다양한 지식과 창의성, 상상력을 키우는 일은 더욱더 중요합니다. 대학은 성적순으로 들어갈 수 있지만 인생의 성공은 자신의 잠재력을 얼마나 잘 계발하느냐에 달렸기 때문입니다.

여러분, 아이가 답답한 공부벌레보다 책벌레가 되도록 지원군이 되어주세요. 지혜롭고 똑똑한 책벌레는 언제나 답답한 공부벌레를 이기게 마련이니까요.

부록

01 좋은 책 고르는 요령
02 상황별 책 고르는 요령

■ **부록 1 _ 좋은 책 고르는 요령**

많은 사람들이 권하는 책을 고르자

서점에 가보면 수천수만 권의 책이 있습니다. 그 많은 책 중에서 어떤 책을 선택해야 할지 난감합니다. 그때는 다음과 같은 상식을 가지고 책을 고른다면 마음에 쏙 드는 책을 고를 수 있답니다.

먼저 아이의 수준에 맞는 책을 골라 본문을 한두 쪽 읽어 보세요.

'이해가 잘 되게 구성되어 있네.'
'이런 정도의 책을 아이가 읽고 소화할 수 있을까?'

이렇게 읽다 보면 스스로 판단이 서게 됩니다. 아이의 수준은 누구보다 부모가 정확하게 알고 있기 때문이지요.

많은 사람이 권하는 책은 대체로 좋은 책에 속합니다. 이런 책은 입소문을 타고 많은 사람이 읽고 평을 하게 마련입니다.

"우리 아이는 책을 사온 날 끝까지 다 읽어버렸어요."
"조카들에게도 선물해 주고 싶은 책이에요."
"돈이 전혀 아깝지 않은 책이에요. 이런 책들이 많았으면 좋겠어요."

따라서 많은 사람들이 좋다고 권하는 책은 대체로 읽을 만한 책이라 할 수 있습니다.

지은이가 분명하고 알려진 책, 번역서의 경우 누가 옮겼는가를 꼼꼼히 살펴보아야 합니다. 만일 지은이가 명확하게 밝혀져 있지 않거나 처음 들어보는 작가라면 피하는 것이 좋습니다. 이미 여러 권의 책을 써서 널리 알려진 작가의 책이 안전합니다. 왜냐하면 요즘에는 좋은 글을 쓰는 작가보다 이익을 목적으로 글을 파는 작가가 많기 때문입니다.

권위 있는 출판사의 책을 사자

되도록 권위 있는 출판사에서 펴낸 책을 구입하는 것이 좋습니다. 그리고 출판사가 그동안 어떤 책을 출간했는지도 살펴보면 좋은 책을 선택하는 데 도움이 됩니다. 특히 한 권 값에 몇 권씩 파는 값싼 책은 피하는 것이 좋습니다. 다른 독자들이 찾지 않기 때문에 재고를 싸게 파는 것입니다.

출간된 지 오래된 책은 피하자

출간된 지 오래 되지 않은 책을 구입하는 것이 좋습니다. 출판한 시기가 현재와 가까운 책을 골라야 합니다. 5년 전, 10년 전에 출판된 책은 현재의 맞춤법과 많이 다르기 때문입니다.

　문장이 쉽고 분량이 알맞은 책을 선택하세요. 본문 몇 쪽만 읽어 보면 문장이 쉬운지 어려운지를 판단할 수 있습니다. 전문, 기술용 책이 아닌 경우 문장이 쉬워야 좋은 책입니다. 한 문장이 너무 길게 이어진 것은 좋지 않습니다. 길거나 늘어진 문장은 핵심을 이해하는 데 다소 불편하기 때문입니다.

　또한 활자가 작거나 지나치게 두꺼운 책, 활자는 큰데 너무 얇은 책도 잘 고려해야 합니다.

동화집 · 동시집 · 동요집은 알맞은 두께를 보자

　동화집과 동시 · 동요집은 분량 면에서 구분해야 합니다. 대체로 동화집은 200쪽 내외, 동요 · 동시집은 100쪽 내외의 책이 무난합니다.

　동화책을 구입할 때 활자, 사진, 그림이 선명한 책을 선택하세요. 대개 싸게 파는 책들은 글씨나 자료 사진, 본문 사이에 들어있는 그림들이 조잡하고 선명하지 못합니다. 활자, 사진, 그림이 선명한 책이 좋은 책입니다.

책은 가급적 낱권으로 구입하자

책은 낱권으로 구입해 읽히세요. 책은 수십 권으로 된 전집으로 사는 것보다 서점에서 자유로이 낱권으로 사서 읽는 것이 좋습니다. 전집은 진열해 놓고 남에게 자랑하기는 좋지만 그 책을 모두 읽기는 어렵습니다.

'그냥 쳐다봐도 숨이 막혀'
'어휴! 이 많은 책을 언제 다 읽어'

아무리 값비싸고 화려한 책일지라도 아이가 읽지 않는다면 무용지물입니다. 꼭 필요한 책을 그때그때 골라 사 읽는 습관을 들이는 것이 아이가 좋은 독서습관을 기르는 데 도움이 됩니다.

■ **부록 2 _ 상황별 책 고르는 요령**

❀ **텔레비전만 가까이하는 아이**

텔레비전을 보는 것에 익숙해 있다면 텔레비전 프로그램과 관련된 책부터 읽혀보세요.

예) 이순신·해신·광개토대왕·장보고·대조영·주몽 등이 나오는 위인전

❀ **산만하고 책만 보면 조는 아이**

자신의 관심사에 맞는 책을 읽히는 것이 중요합니다. 위인들에 관심이 있으면 위인전을, 과학에 관심이 있으면 과학관련 책을 선물해 보세요. 자기기 좋아하는 분야의 책을 읽게 되면 집중력이 높아져 졸음도 싹 달아날 것입니다.

❀ **만화책만 보는 아이**

대체적으로 만화책만 보는 아이는 이해력이 부족합니다. 그래서 글보다 그림이 많은 만화책을 가까이하게 되는 것이지요. 하지만 그렇다고 해서 계속 만화책만 보게 되면 이해력은 더욱 떨어지게 됩니다.

지금부터라도 만화의 형식에다 유익한 내용이 담겨 있는 만화책을 읽혀 보세요. 그러다 차츰 그림보다 글의 비중이 높은 책으로 바꿔 읽히면 됩니다.

예) 이윤기 소설가의 《이윤기의 그리스 로마 신화》, 이원복 교수의 《먼 나라 이웃나라》 시리즈 등

문장이 긴 책 읽기를 꺼리는 아이

짧은 이야기를 모아 놓은 단편 동화책과 먼저 친해지는 것이 중요합니다. 처음부터 장편 동화를 읽게 되면 책에 대한 거부감이 생겨 책과 멀어지게 됩니다. 짧은 이야기들로 구성된 책을 읽혀 보세요.

예) 김태광 동화작가의 《10분 이야기 명상 1·2·3》《작은 씨앗 큰 나무》《지혜의 힘》《논리의 힘》《생각의 힘》《처음 받은 상》《똥마을의 비밀》《감추고 싶은 비밀》 등

부록

03 독서기록장

■ 즐거운 독후활동을 소개합니다!

독후활동, 왜 필요할까요?

　책읽기의 목적은 책에서 얻은 지식이나 영감을 자신의 삶에 적용하고 문제 해결 능력을 키우는 것입니다. 성공한 이들은 책장을 덮는 것에서 멈추지 않습니다. 생각과 느낀 점, 배운 점을 글로 표현하고 토론하는 과정을 반드시 거쳐 자기 것으로 꾹꾹 다져 놓습니다. 독후활동을 통한 생각 정리와 글쓰기로 기본기가 튼튼하다면 서술형 평가의 비중이 점점 높아지고 논술의 중요성이 날로 커지는 등 변화무쌍한 입시제도가 더 이상 두렵지 않겠지요. 맨몸으로 덤볐던 과거와는 달리 창과 방패로 담대하게 맞설 준비를 갖추었으니까요.

독후활동지, 이렇게 사용해 보세요.

1. **독서기록표, 북트리** : 아이가 잘 보이는 곳에 붙여 놓고 스티커를 하나씩 붙여갑니다. 기록하는 재미와 붙이는 즐거움이 가득한 북트리와 독서기록표는 아이들에게 큰 자산이 될 겁니다.
2. **마인드 맵 독서록** : 꼬리에 꼬리를 물어 생각하는 연습을 하다 보면 논리적인 글을 쓰는 데 뼈대를 형성할 수 있습니다. 마지막엔 완성된 숲을 보면서 전체를 보는 눈을 키워 주세요.
3. **6하원칙 ➜ 서론·본문·결론 ➜ 기·승·전·결 독서록** : 6하원칙에 따라 이야기 속 사건을 '언제, 누가, 왜, 어디서, 무엇을, 어떻게'에 맞춰 써 보세요. 익숙해지면, '서론·본문·결론'으로 나눠서 써 보세요.
4. **독서감상화 독서록** : 인상 깊고 재미난 장면을 자유롭게 그림으로 그려 보거나, 6쪽짜리 만화로 그려 보세요. 글쓰기가 아직은 부담되고 스트레스가 되는 아이에겐 그림 그리기가 좀 더 쉽고 친근할 거예요.
5. **같은 주제의 다양한 독후활동지** : 6하원칙에 따라 쓰기, 퀴즈 독서록, 줄거리 이어 쓰기 등도 있습니다. 큰 아이와 작은 아이의 눈높이에 맞춰 수준별, 취향별로 독후활동지를 사용해 보세요. 즐거운 독후활동을 통해 글쓰기 실력이 늘어날 것입니다.

나의 Book Tree

_____ 학교 ____ 학년 ____ 반 이름_____

책을 한 권씩 읽을 때마다 스티커를 한 장씩 붙여 주세요.
스티커 위에 날짜까지 쓴다면 더욱 좋겠죠.

독서기록표

학교 _____ 학년 _____ 반 _____ 이름 _____

No.	책 제목	지은이	쪽수	읽은 날	한 줄 느낌 쓰기	나의 평가(별점 주기)
1						☆☆☆☆☆
2						☆☆☆☆☆
3						☆☆☆☆☆
4						☆☆☆☆☆
5						☆☆☆☆☆
6						☆☆☆☆☆
7						☆☆☆☆☆
8						☆☆☆☆☆
9						☆☆☆☆☆
10						☆☆☆☆☆
11						☆☆☆☆☆
12						☆☆☆☆☆
13						☆☆☆☆☆
14						☆☆☆☆☆
15						☆☆☆☆☆

No.	책 제목	지은이	쪽수	읽은 날	한 줄 느낌 쓰기	나의 평가(별점 주기)
16						☆☆☆☆☆
17						☆☆☆☆☆
18						☆☆☆☆☆
19						☆☆☆☆☆
20						☆☆☆☆☆
21						☆☆☆☆☆
22						☆☆☆☆☆
23						☆☆☆☆☆
24						☆☆☆☆☆
25						☆☆☆☆☆
26						☆☆☆☆☆
27						☆☆☆☆☆
28						☆☆☆☆☆
29						☆☆☆☆☆
30						☆☆☆☆☆

부모님 찾아내기!

독서기록장

_____ 학교 ____ 학년 ____ 반 이름_____

도서명		분야	
지은이	쪽수		출판사

도서명		분야	
지은이	쪽수		출판사

도서명		분야	
지은이	쪽수		출판사

도서명		분야	
지은이	쪽수		출판사

마인 드 맵

_____ 학교 ____ 학년 ____ 반 이름_____

도서명		지은이	
읽은 날		쪽수		출판사	

- 읽은 책의 내용, 자기 자신의 느낌과 생각을 구름처럼 마음대로 펼쳐 보세요.
- 마음대로 떠올린 내용을 주제별로 갈래를 지어 보세요.

읽기 전 우리가 배울 것들

_____학교 _____학년 _____반 이름_____

도서명		지은이	
읽은 날		쪽수		출판사	

✏️ 책을 읽기 전에

••• 표지를 보며 알게 된 것

_____
_____

••• 뒷 표지를 읽으며 알게 된 것

_____
_____

••• 서문이나 후기, 추천사 등을 읽으면서 알게 된 것

_____
_____

••• 목차를 읽으면서 알게 된 것

_____
_____

••• 첫 페이지를 읽은 후 알게 된 것

_____
_____

6하원칙에 따라 써 보기

_____ 학교 _____ 학년 _____ 반 이름 _____

도서명			지은이	
읽은 날		쪽수		출판사

■ 6하원칙에 따라 써 보세요.

언제 (When)	어디서 (Where)	누가 (Who)	무엇을 (What)	왜 (Why)	어떻게 (How)

■ 6하원칙에 살을 붙여 가며 줄거리를 정리해 보세요.

_____
_____
_____
_____
_____
_____
_____
_____

기승전결

_____ 학교 _____ 학년 _____ 반 이름 _____

도서명		지은이	
읽은 날		쪽수		출판사	

✏️ 내용을 기·승·전·결의 4단계로 나누어 요약해 보세요.

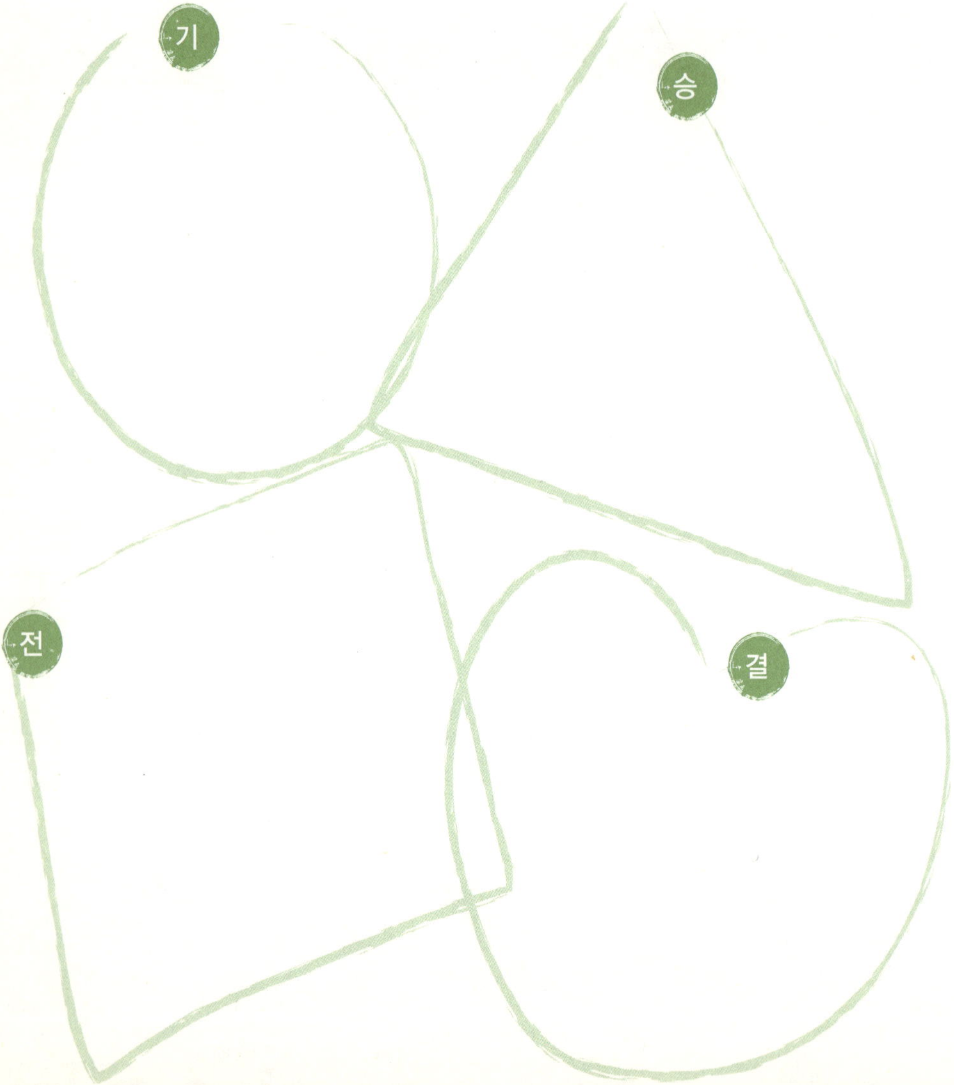

기

승

전

결

장별 요약

_____ 학교 _____ 학년 _____ 반 이름_____

도 서 명		지은이	
읽은 날		쪽수		출판사	

✎ 읽은 책의 각 장별로 요점을 써 보세요.

1장

2장

3장

4장

5장

기타

새롭게 알았어요

_____학교 _____학년 _____반 이름_____

도서명		지은이	
읽은 날		쪽수		출판사	

✎ 과학 도서, 정보서 등을 읽고 새롭게 알게 된 점을 써 보세요.

①

②

③

④

⑤

✎ 궁금하거나 더 알고 싶은 것을 질문해 보세요.
① _____
② _____
③ _____
④ _____
⑤ _____

퀴즈 독서록

_____학교 ____학년 ____반 이름_____

도서명		지은이	
읽은 날		쪽수		출판사	

➔ 책을 읽고 책의 내용에서 퀴즈를 내보세요.

질문 1		답	
질문 2		답	
질문 3		답	
질문 4		답	
질문 5		답	
질문 6		답	
질문 7		답	
질문 8		답	
질문 9		답	
질문 10		답	

줄거리 이어 쓰기

_____학교 _____학년 ____반 이름 _____

도서명		지은이	
읽은 날		쪽수		출판사	

책 속에서 일어난 일들을 처음·가운데·끝 부분으로 나누어 써 보세요.

[처 음] … 누가, 언제, 어디서 일어난 일인가요?

[가운데] … 어떤 일이 일어났나요?

[끝] … 마지막에는 어떻게 되었나요?

독서감상화 그리기

_____학교 ____학년 ____반 이름_____

도 서 명		지은이	
읽은 날		쪽수		출판사	

🌱 가장 인상 깊거나 재미있었던 장면을 자유롭게 그려 보세요.

🌱 위의 장면을 그린 이유를 써 보세요.

_____
_____
_____
_____

더 깊이 생각해 봐요

_____학교 _____학년 _____반 이름 _____

도서명		지은이	
읽은 날		쪽수		출판사	

글 속에서 가장 인상 깊었던 사건은 무엇인가요?

그렇게 생각한 까닭을 써 보세요.

부록

04 교육청 추천 초등학교 권장도서

■ 교육청 추천 초등학교 권장도서 _ 교과서 연계 도서

1학년

과목	책 제목	출판사	확인(란)
국어	1·2학년 동시집	한국독서지도회	
	1학년 수학동화	예림당	
	곰 사냥을 떠나자	시공주니어	
	까치와 소담이의 수수께끼놀이	사계절출판사	
	까치와 호랑이와 토끼	웅진주니어	
	꽃이파리가 된 나비	우리교육	
	날 좀 도와줘, 무지개 물고기!	시공주니어	
	누구야 누구	보리	
	도깨비 방망이	보림	
	도깨비를 빨아버린 우리 엄마	한림출판사	
	도깨비와 범벅장수	국민서관	
	똘배가 보고 온 달나라	창비	
	똥 똥 귀한 똥	보리	
	똥 뿌직	웅진주니어	
	똥벼락	사계절출판사	
	똥은 참 대단해!	웅진주니어	
	무지개 물고기	시공주니어	
	무지개 물고기와 흰수염고래	시공주니어	
	셜리야, 목욕은 이제 그만!	비룡소	
	심심해서 그랬어	보리	
	어린 음악가 폭스트롯	달리	
	오소리네 집 꽃밭	길벗어린이	
	우리 순이 어디 가니	보리	
	우리 아빠는 내 친구	시공주니어	
	우리 할아버지가 꼭 나만했을 때	보림	
	재미가 솔솔 나는 우리 옛이야기	시공주니어	
	저학년 동시집	바른사	
	저학년 수수께끼	글송이	
	춤추는 호랑이	국민서관	
	토끼와 거북이	보림	
	팥죽할머니와 호랑이	보림	
	해와 달이 된 오누이	보림	
	호랑이 잡은 피리	보림	
	호랑이와 곶감	국민서관	
	흥부놀부	보림	

1학년

과목	책 제목	출판사	확인(란)
바른생활	나, 학교 안 갈래!	비룡소	
	난 착한 아이가 되기 싫어	효리원	
	놀이터를 만들어 주세요	동쪽나라	
	반딧불이 똥구멍에서 빛이 나	두산동아	
	샛별이랑 한별이의 사회 예절 배우기	대교출판	
	선생님은 모르는 게 너무 많아	사계절출판사	
	숨 쉬는 도시 꾸리찌바	파란자전거	
	충치 도깨비 달달이와 콤콤이	현암사	
	친구 없이는 못살아	산하	
	해찬이의 학교 예절 배우기	대교출판	
수학	1학년 수학동화	예림당	
	개념수학	한림출판사	
슬기로운 생활	24시 자연의 세계	문공사	
	곤충 사진화보 숙제 도우미	효리원	
	과학을 꿀꺽 해버린 동화 1·2학년	대교출판	
	꼬마교수 자연교실	주니어김영사	
	내 이름은 나답게	사계절출판사	
	땅속 생물 이야기	진선출판사	
	세상의 낮과 밤	아이세움	
	여름 음식	대원사	
	열려라! 곤충나라	지성사	
	우리 민속도감	예림당	
	누가 누굴 먹는 거야!	함께읽는책	

2학년

과목	책 제목	출판사	확인(란)
국어	1·2학년 교과서 문학읽기	웅진주니어	
	가슴 뭉클한 옛날 이야기	사계절출판사	
	갯벌에 뭐가 사나 볼래요	보리	
	견우와 직녀	삼성출판사	

2학년

과목	책 제목	출판사	확인(란)
국어	교과서 이솝우화	교학사	
	나무꾼과 선녀	국민서관	
	노래 도둑	효리원	
	단군신화	보림	
	엄마 맘은 그래도… 난 이런 게 좋아	베틀북	
	옛이야기 들려주기	보리	
	우리가 정말 알아야 할 우리 옛이야기 백가지 1, 2	현암사	
	인형이 가져온 편지	베틀북	
	풍년 고드름	도서출판 문원	
	하늘이 내린 시조 임금님들	주니어랜덤	
	호랑이 등에 걸터앉은 소년	우리교육	
	호랑이 뱃속 구경	보리	
	호랑이 뱃속에서 고래 잡기	푸른숲	
	호랑이보다 더 무서운 곶감	스콜라	
	네 맘은 그래도 엄마는 이런 게 좋아	베틀북	
바른생활	꼭 알아야 할 교통질서	크레용하우스	
	나는 잡동사니 대장	논장	
	나야 뭉치 도깨비야	웅진주니어	
	루이즈는 나쁜 말을 해요	너른들	
	사고뭉치 북한박사	웅진주니어	
	새 친구가 이사 왔어요	주니어랜덤	
	쓰레기를 먹는 공룡	꿈동산	
	엉뚱이 소피의 못 말리는 패션	비룡소	
	혼자서도 할 수 있어요	사계절출판사	
수학	1·2학년 눈높이 수학 학습동화	대교출판	
	개념수학	한림출판사	
	놀다 보면 수학을 발견해요	미래아이	
	브리태니커 어린이 백과사전 – 전30권	한국브리태니커회사	
	수학아 수학아 나 좀 도와줘	삼성당	
슬기로운 생활	2학년 과학동화	예림당	
	나무는 좋다	시공주니어	
	나무도감	보리	
	동물들의 집짓기	지호	
	만희네 집	길벗어린이	
	민들레	시공주니어	
	사과와 나비	보림	
	쉽게 찾는 우리 나무 1	현암사	
	지구의 봄 여름 가을 겨울	아이세움	
	함께 살아가기, 코끼리 이야기	그린북	

3학년

과목	책 제목	출판사	확인(란)
과학	나무도감	보리	
	날씨 점쟁이	청소년윤리연구회	
	롱롱이의 기상학 교실	자연사랑	
	변덕쟁이 날씨	예림당	
	살아 있는 땅	비룡소	
	숲은 어떻게 만들어지는가?	비룡소	
	인류 최초의 문명들	중앙M&B	
	재미있는 물 이야기	현암사	
	척척박사 과학교실	주니어김영사	
국어	강감찬	주니어랜덤	
	강아지똥	길벗어린이	
	개미가 된 아이	예림당	
	걸리버 여행기	삼성출판사	
	견우와 직녀	지경사	
	곤충 박물관	웅진주니어	
	꼭 하고 말테야!	삼성당	
	꿈을 찍는 사진관	가교	
	나는야 탐험가 쿤쿤	베틀북	
	나쁜 어린이표	웅진주니어	
	난 황금알을 낳을거야	문학동네	
	난중일기	파란자전거	
	내 짝꿍 최영대	재미마주	
	너랑 놀고 싶어	산하	
	너하고 안 놀아	창비	
	당나귀 알	사계절출판사	
	뛰어라 메뚜기	보림	
	로빈슨 크루소	대교출판	
	바위나리와 아기별	지경사	
	별이 내리는 집	아동문예사	
	보물섬	삼성출판사	
	빨간 우체통	산하	
	새로 찾은 우리 신화	예림당	
	선녀와 나무꾼	고려원북스	
	속담풀이	대일출판사	
	시계 속으로 들어간 아이들	파랑새어린이	
	신데렐라	어깨동무	
	심청전	창비	
	쓸 만한 아이	푸른책들	

3학년

과목	책 제목	출판사	확인(란)
국어	아기참새 찌꾸 1	파랑새어린이	
	아낌없이 주는 나무	시공주니어	
	아라비안 나이트	효리원	
	안데르센 동화집	비룡소	
	엄마를 위하여	꿈이있는아이들	
	우리 겨레의 옛날 이야기 1	한길사	
	이솝 이야기	삼성출판사	
	이순신	주니어랜덤	
	진정한 용기가 필요해!	중앙출판사	
	참 좋은 동화 20	문공사	
	책벌레가 된 도깨비	두산동아	
	초대받은 아이들	웅진주니어	
	콩쥐 팥쥐	계림닷컴	
	토끼와 거북	계림닷컴	
	톰 소여의 모험	삼성출판사	
	파란 마음 하얀 마음	으뜸사랑	
	파브르 곤충기	삼성출판사	
	허수아비도 깍꿀로 덕새를 넘고	보리	
	흥부놀부	삼성출판사	
	별주부전	예림당	
	멸치의 꿈	씽크하우스	
사회	365일 우리집 식단	효성출판사	
	가정 의례백과	매일출판	
	관혼상제, 재미있는 옛날 풍습	주니어랜덤	
	교과서 속에서 쏙쏙 뽑은 가족여행지 1	미디어윌	
	꼭 알아야 할 교통질서	크레용하우스	
	돌고 도는 돈	시공주니어	
	사진으로 배우는 관혼상제	전원문화사	
	사진으로 보는 조선시대	서문당	
	시골 장터 이야기	진선출판사	
	신나는 열두 달 명절이야기	주니어랜덤	
	아! 그렇구나 우리 역사 1	고래실	
	알쏭달쏭 직업 이야기 51	을파소	
	열두 달 풍속 놀이	산하	
	옛날 사람들은 어떻게 살았을까	창비	
	옛날엔 이런 직업이 있었대요	주니어랜덤	
	우리 명절에는 어떤 이야기가 숨어 있을까?	채우리	
	우리가 사는 도시 탐험	크레용하우스	

3학년

과목	책 제목	출판사	확인(란)
사회	우리가 사는 지구	길벗어린이	
	재미있는 은평이야기	어진소리(민미디어)	
	지하철로 떠나는 365일 현장학습 기행	미래아이	
	직업의 세계	길벗어린이	
	로빈슨 크루소	시공주니어	
	처음 읽는 우리 역사(교통·통신)	재능출판	
	한국 전래 어린이 놀이	웅진주니어	
	신경림 민요이야기 민요기행	문이당	
수학	3학년 수학이랑 악수해요	웅진주니어	
	밥상에 오른 수학	두산동아	
	사각형	비룡소	
	삼각형	비룡소	
	소녀 그리고 셈할 줄 아는 이들을 위한 수학	또하나의문화	
	수학은 너무 어려워	비룡소	
	아라비안 나이트	효리원	
	우리 수학놀이하자!	주니어김영사	

4학년

과목	책제목	출판사	확인(란)
과학	70일간의 별자리 여행	새터	
	갯벌탐사 도감	예림당	
	별지기 아저씨가 들려주는 별 이야기	진선출판사	
	바다는 왜 파랄까	민음in	
	우리말 여행	랜덤하우스코리아	
	아주 소중한 사랑이야기	청개구리	
국어	거미 박사 남궁준 이야기	우리교육	
	나답게와 나고은	사계절출판사	
	나의 라임 오렌지나무	동녘	
	내 마음의 선물	창해	
	마음으로 부르는 전래동요	학지사	
	물새가 된 조약돌	아테나	

4학년

과목	책 제목	출판사	확인(란)
국어	박씨 부인전	창비	
	방귀뀌고 도둑잡고	랜덤하우스코리아	
	보리타작 하는 날	사계절출판사	
	사금파리 한 조각 1	서울문화사	
	삽살개 이야기	대교출판	
	새로 다듬고 엮은 전래동요	보림	
	생명이 들려준 이야기	사계절출판사	
	아낌없이 주는 나무	소담출판사	
	아빠가 내게 남긴 것	베틀북	
	아빠는 내친구	명예의전당	
	아빠의 수첩	주니어김영사	
	아주 특별한 우리 형	대교출판	
	열평 아이들	창비	
	오세암	창비	
	종이밥	낮은산	
	초등학생이 꼭 알아야 할 우리 대표 옛시조	예림당	
사회	10원으로 배우는 경제이야기	영교	
	공룡이 세상을 지배하다	현암사	
	놀부는 어떻게 부자가 됐나요?	삼성당	
	돈은 고마운 친구	미래의창	
	동물도감	예림당	
	망치를 든 지질학자	가람기획	
	목걸이 열쇠	시공주니어	
	보고 배우는 문화유산 1	삼성당	
	보물섬	파랑새어린이	
	부자 나라의 부자 아이, 가난한 나라의 가난한 아이	아이세움	
	세상을 담은 그림, 지도	보림	
	세상을 보는 눈, 지도	문학동네	
	신나는 열두 달 명절이야기	주니어랜덤	
	어린이를 위한 서울 문화유산 답사기 1, 2	자음과모음	
	옛날 사람들은 어떻게 살았을까	창비	
	와우 우리들의 동물친구 1	그린비	
	우리 명절에는 어떤 이야기가 숨어 있을까?	채우리	
	우리 문화유산에는 어떤 비밀이 담겨 있을까?	채우리	
	우리 조상들의 의식주이야기	다산교육	
	우리강산 지리여행	대교출판	
	우리나라 오천년 이야기 생활사 1	계림닷컴	
	우리나라 오천년 이야기 생활사 2	계림닷컴	

4학년

과목	책 제목	출판사	확인(란)
사회	이쁘 언니	푸른책들	
	자연과 환경이야기	사계절출판사	
	재미있는 서울600년 이야기	글사랑	
	주강현의 우리문화 1	아이세움	
	지하철로 떠나는 365일 현장학습 기행	미래아이	
	천재들의 합창 1	황매아이들	
	천재들의 합창 2	황매아이들	
	초롱이와 함께 지도 만들기	미래아이	
	한눈에 보는 우리 문화재	웅진주니어	
	이만하면 나도 꼬마 사업가	삼성당	
	4학년 수학이랑 악수해요	웅진주니어	
수학	수학이 순식간에	주니어김영사	
	수학이 자꾸 수군수군 1, 2, 3	주니어김영사	
	시간이 시시각각	주니어김영사	
	우등생을 위한 103가지 수학 이야기	계림	
	우리 수학놀이하자!	주니어김영사	
	원리로 양념하고 재미로 요리하는 수학파티 1	휘슬러	

5학년

과목	책 제목	출판사	확인(란)
과학	물 한 방울	한길사	
	물의 여행	비룡소	
	우주가 우왕좌왕	주니어김영사	
	은하는 어떻게 생겨났을까요?	현암사	
	지구는 살아 숨쉬고 있다	현암사	
국어	그때 나는 열한 살이었다	계수나무	
	꼭 읽자! 우리 동화 20	대교출판	
	나무는 왜 겨울에 옷을 벗는가	대원사	
	내가 채송화꽃처럼 조그마했을 때	푸른책들	
	너도 알 거야	창비	

5학년

과목	책 제목	출판사	확인(란)
국어	넌 나의 소중한 친구야	세상모든책	
	마을지기 새와 민들레	교학사	
	못난도 울 엄마	창비	
	몽당 고개 도깨비	문학사상사	
	바다를 담은 일기장	예림당	
	별을 사랑하는 아이들아	푸른책들	
	별이 된 오쟁이	배동바지	
	산골집에 도깨비가 와글와글	보림	
	성삼문	태서출판사	
	세계를 빛낸 탐험가	산하	
	소년탐정 칼레 1	논장	
	쌀뱅이를 아시나요	파랑새어린이	
	아빠를 닮고 싶은 날	계림	
	애기똥풀꽃이 자꾸 자꾸 피네	파랑새어린이	
	참동무 깨동시	청동거울	
	통일을 기다리는 느티나무	오늘	
	형이라고 부를 자신 있니?	대교출판	
	원숭이 마카카	대교출판	
사회	그림과 만화로 배우는 어린이 경제백과 6	을파소	
	산골 마을 아이들	창비	
	세상을 깜짝 놀라게 한 오천년 우리 과학	계림닷컴	
	어린이 서울박사 2	금샘미디어	
	어린이 시사마당 1	주니어랜덤	
	옷감짜기	보림	
	우리 민속 신앙 이야기	삼성당	
	유전 공학과 복제	아이세움	
	이야기로 배우는 어린이 경제교실	매일경제신문사	
	초등학생이 처음 만나는 한국지리 세계지리	두산동아	
	콩달이에게 집을 주세요	대교출판	
수학	수학 비타민	랜덤하우스코리아	
	수학 잘하는 초등학생들의 77가지 비법	계림	
	수학이 또 수군수군	주니어김영사	
	수학이 자꾸 수군수군 1, 2, 3	주니어김영사	
	원리로 양념하고 재미로 요리하는 수학파티 1	휘슬러	
	원리로 양념하고 재미로 요리하는 수학파티 2	휘슬러	
	이야기 수학	다림	

6학년

과목	책 제목	출판사	확인(란)
과학	몸, 그 생명의 신비	사계절출판사	
	어린이 생태학 1	현암사	
	어린이가 지구를 살리는 50가지 방법	현암사	
	와우 우리들의 동물친구 1	그린비	
	우리 몸 탐험	다섯수레	
	자연과 환경이야기	사계절출판사	
	최열 아저씨의 지구촌 환경 이야기 1	청년사	
	최열 아저씨의 지구촌 환경 이야기 2	청년사	
국어	가마솥	대인교육	
	개똥이 이야기	푸른나무	
	너도 하늘말나리야	푸른책들	
	단군신화	효리원	
	마사코의 질문	푸른책들	
	마지막 왕자	푸른책들	
	마지막 줄타기	새남	
	무지개를 찾아서	동남풍	
	방구아저씨	효리원	
	방망이 깎던 노인	범우사	
	어린이를 위한 백범일지	삼성출판사	
	오세암	창비	
	자전거 도둑	다림	
	중학생이 보는 장끼전	신원문화사	
	홍길동전	창비	
	곰돌이 워셔블의 여행	노마드북스	
사회	6학년 교과서에 나오는 위인들	자유지성사	
	나는 커서 무엇이 될까 1~11	다산교육	
	돌도끼에서 우리별 3호까지	아이세움	
	뚱딴지 일본 탐방	대교출판	
	사랑해요 삼국시대	주니어김영사	
	세종대왕	대일출판사	
	아빠, 법이 뭐예요?	창비	
	어린이를 위한 백범일지	삼성출판사	
	얼키설키 하나가 된 고려 이야기 딱 20장면	가교	
	지구가 100명의 마을이라면	푸른숲	
	뚱딴지 중국 탐방	대교출판	
수학	나도 부자가 될 수 있나요?	생각의나무	
	나도 아더처럼 부자될 거야	주니어MBA	
	넘 재밌는 숫자의 비밀풀기	예문당	

6학년

과목	책 제목	출판사	확인(란)
수학	넘 재밌는 숫자의 비밀풀기	예문당	
	세상 밖으로 날아간 수학	맑은소리	
	수학 비타민	랜덤하우스코리아	
	수학이 또 수군수군	주니어김영사	
	원리로 양념하고 재미로 요리하는 수학파티 2	휘슬러	
	초등학생들이 가장 궁금해하는 경제 이야기 51	을파소	

상위 1%로 가는 1등 독서습관

초판1쇄 찍은날 2008년 12월 20일 ‖ 초판1쇄 펴낸날 2008년 12월 25일
지은이 김태광 ‖ 펴낸이 정혜옥
편집장 기복임 ‖ 편집·디자인 권미진, 강승구 ‖ 홍보·마케팅 김미정
펴낸곳 굿인포메이션 ‖ 출판등록 1999년 9월 1일 제1-2411호
주소 135-280 서울시 강남구 대치동 938 삼환아르누보빌딩Ⅱ 720, 721호
홈페이지 www.goodinfobooks.co.kr ‖ E-mail ok@goodinfobooks.co.kr
전화 02-929-8153~4 ‖ 팩스 02-929-8164

ISBN 978-89-88958-67-4 43370

■ 잘못된 책은 본사나 구입하신 서점에서 바꾸어 드립니다.